話せない子もどんどん発表する！

対話力トレーニング

丸岡 慎弥 著

吉田 忍 監修

学陽書房

監修のことば
教師に必要な対話力とは？

　対話とは、【向かい合って話すこと】と一般的には言われていますが、英語では対話は「dialogue（ダイアローグ）」と訳され、【相互理解をしていくコミュニケーション】という意味があります。
　そこで、この本では、対話という概念をもう少し広義にとらえ、教師が活用できる対話力として2つの要素に分けています。
　1つは、子どもたちや保護者、教師同士に使える【1対1の対話力】。もう1つは、授業の進行やクラスでの話し合いにつかえる【1対多のファシリテーション力】です。教師自身がこの2つの力を高めていくことで、手法の選択肢が広がり、より楽しく、より充実した教育を実践できるのではないかという考えからこの本が企画されました。そこで、この本では、対話力の基本的なところから、実践的なところまでを事例を交えて紹介しています。
　Chapter 1では、対話の効果と対話力を高めるためにおさえておきたいキーワードを中心に紹介しています。Chapter 2では、教師の1対1の対話力とファシリテーション力を高めるための基本的なヒントを紹介しています。Chapter 3、4では、クラスでつかえるファシリテーション力に特化したスキルを紹介しています。
　そして、Chapter 5～7では、安心感をもって、お互いを尊重して話せるファシリテーションの方法を3つのステップで実践できるように紹介しています。
　この本を読んでいただくことで、先生ご自身が数々の実践によって培われた貴重な経験則を体系化していただき、対話力を高める一助にしていただければ幸いです。
　最後に、対話力を体系化し、教育現場の実践に合わせたかたちで執筆していただいた丸岡慎弥先生、そして、これまで、セミナーを受講いただく中で、たくさんの知見を共有いただいた先生方に心から感謝と御礼を申し上げます。

教育コーチ　吉田 忍

はじめに

　「主体的・対話的で深い学び」というキーワードが文部科学省から打ち出されました。
　きっと、みなさんの教室でも、子どもたちの話し合い活動（対話）を多く取り入れていることと思います。
　今こそ、その子どもたちの「対話」を見つめなおしてみませんか。
　例えば、クラスでの話し合い活動を思い出していただき、次の問いについて考えてみてください。

> ➡ 対話という活動に子どもたちが効果や必要性を感じているか？
>
> ➡ 子どもたちは「話し合いたい」「話し合うべき」と思って対話という活動に取り組んでいるか？

　この2つの質問に自信をもって「はい」と答えていただけるならば、本書を読んでいただく必要はないかもしれません。きっと、そんな先生にとっては、本書の内容は当たり前のことと思います。

しかし、「子どもたちは対話をすることに効果や必要性を感じているだろうか？」「子どもたちは本当に対話をしたいと思って活動に取り組んでいるのだろうか？」と、少しでも不安や疑問を抱かれた先生は、ぜひ本書を覗いてみてください。
　本書では次のことを紹介しています。

> ➡ 対話をすることで授業や学級経営にもたらされる効果
> ➡ 対話を向上させるために知っておきたいこと
> ➡ 教師のための対話スキル
> ➡ 対話をよりよくするための板書や机配置
> ➡ 子どもたちのための対話スキル

　こうしたことに少しでも興味を示してくださった先生には、必ずやお役に立てる内容になっています。また、「話し合い活動を取り入れなければいけないから……」「話し合いをすれば、なんとなく子どもたちが生き生きしているように感じるから……」と、対話をさせることに自信をもてない先生にも、その悩みを解消することのできる内容になっています。ぜひ、本書に書かれていることをクラスで実践していただき、先生自身やクラスの子どもたちの対話力をぐんと引き上げていってください。
　対話力を向上させることで、今までにない感覚が授業やクラスの中で得られることでしょう。

> ➡ 対話力を高めることで、子どもの学習意欲を引き出し、主体性をもたせることができる
>
> ➡ 対話力を高めることで、一段上の人間関係を構築することができる

　この２点は、私自身が教師を行っていく中で、対話を大切にし続け、得ることのできた大きな感覚なのです。「主体的・対話的で深い学び」を生み出すには、どうしても「対話力を鍛える」ことが必要であることに気が付くことができたのです。

　「主体的・対話的で深い学び」が打ち出されはしたものの、「対話力が高いとはどういうことなのか？」「どうやったら対話力を向上させることができるのか？」「対話はなぜ必要なのか？」といったことが、まだ議論されているとは言えません。研修会に参加しても、対話についての専門的な知識やスキルは伝達されていないのが現状です。

　対話力を身につけた子どもは、自分たちの可能性をどんどん対話を行い続けていくことで切り拓いていくのです。ぜひ、本書で紹介している実践を参考にしていただき、すべての先生に対話力を向上させてほしいと願っています。

　さあ、対話力をアップさせ、授業やクラスをよりよいものへと変えていきましょう！

丸岡慎弥

CONTENTS

監修のことば──教師に必要な対話力とは？ ……… 3
はじめに ……………………………………………… 4

クラスの対話力を鍛えれば すべてがうまくいく！

1　すべての学びは「対話」から ……………………… 14
2　対話のもつ力 …………………………………………… 16
3　学級経営成功のカギは「対話」 …………………… 18
4　対話力で子どもも教師もハッピーに ……………… 20
5　「主体的・対話的で深い学び」を実現 …………… 22
6　対話力アップの必須ワード
　①オートクライン ………………………………………… 24
　②グループダイナミクス ………………………………… 26
　③対話の３段階 …………………………………………… 28
　④タイプ分け ……………………………………………… 30
　⑤ファシリテーション …………………………………… 32
　⑥原因論と目的論 ………………………………………… 34
　⑦目的と手段 ……………………………………………… 36
　⑧緊急性と重要性 ………………………………………… 38
　⑨アサーティブ …………………………………………… 40
　⑩フィードバック ………………………………………… 42

COLUMN 1　アイスブレイクで対話の土壌をつくろう ……… 44

Chapter 2

まずは教師から！
指導の効果をグッと上げる基本の対話スキル

- **1** スキルがあることを知る …………………… 46
- **2** 対話の8割は聞き手 ………………………… 48
- **3** 聞き手の基本スキル
  - ①視線 ……………………………………… 50
  - ②頷き ……………………………………… 52
  - ③相槌 ……………………………………… 54
- **4** 対話レベルは質問力で決まる …………… 56
- **5** ファシリテートの基本スキル
  - ①チャンクダウン ………………………… 58
  - ②スライドアウト ………………………… 60
  - ③オープンクエスチョン ………………… 62
- **6** 対話力をアップさせる板書
  - ①箇条書き ………………………………… 64
  - ②ディベート型 …………………………… 66
  - ③構造型 …………………………………… 68
  - ④左から右 ………………………………… 70
  - ⑤上から下 ………………………………… 72
  - ⑥下から上 ………………………………… 74
  - ⑦中心から外 ……………………………… 76
  - ⑧外から中心 ……………………………… 78

COLUMN 2 グッド＆ニュース
——24H以内のプチハッピー ……………… 80

クラス全員で楽しく取り組む！対話の基本

- **1** ペアトーク …………………………………………… 82
- **2** グループトーク ……………………………………… 84
- **3** ワールドカフェ ……………………………………… 86
- **4** フリートーク ………………………………………… 88
- **5** セルフトーク ………………………………………… 90
- **6** パブリックトーク
  - ①挙手制 ……………………………………………… 92
  - ②指名制：ランダム ………………………………… 94
  - ③指名制：列指名 …………………………………… 96
  - ④指名制：班指名 …………………………………… 98
  - ⑤指名制：相互指名 ………………………………… 100
  - ⑥つぶやき制 ………………………………………… 102

COLUMN 3 「せーの！」と「いいね！」………………………… 104

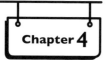

対話の質を左右する！座席配置のポイント

1 一斉型
　①机あり ································· 106
　②机なし・椅子なし ······················· 108

2 議論・ディベート型 ······················· 110

3 コの字型 ································· 112

4 ロの字型 ································· 114

5 同心円型 ································· 116

6 サークル型
　①椅子あり ································· 118
　②椅子なし ································· 120

COLUMN 4 さまざまなことに応用可能
　　　──コーチングプロセスとは ··········· 122

クラス全員が安心して話せるクラスに！対話トレーニング Level 1

1 どんな意見も受け止める ··················· 124

2 ほめ言葉のかけ方 ………………………………… 126
3 小集団トーク ……………………………………… 128
4 意図的な指名 ……………………………………… 130
5 手順の可視化 ……………………………………… 132
6 振り返りトーク …………………………………… 134

> **COLUMN 5** コーチングプロセスを活かす！
> ──ケンカの仲裁の仕方 ……………………… 136

Chapter 6

躊躇なく質問し合えるクラスに！
対話トレーニング Level 2

1 質問の可視化 ……………………………………… 138
2 質問をリストアップ ……………………………… 140
3 ペアトークで質問 ………………………………… 142
4 グループトークで質問 …………………………… 144
5 パブリックトークで質問 ………………………… 146
6 振り返り活動 ……………………………………… 148

> **COLUMN 6** 対話力を身につけた子どもたち
> ──先生、話す時間をください！ …………… 150

Chapter 7

遠慮なく反対意見を出し合えるクラスに！
対話トレーニング Level 3

1 反対意見の可視化 ……………………………… 152
2 反対意見をリストアップ ……………………… 154
3 ペアトークで反対意見 ………………………… 156
4 グループトークで反対意見 …………………… 158
5 パブリックトークで反対意見 ………………… 160
6 振り返りの感想 ………………………………… 162

COLUMN 7 対話を大切にする授業は
子どもが気付く授業 …………………………… 164

おわりに ……………………………………………… 165

Chapter 1

クラスの対話力を鍛えればすべてがうまくいく!

なぜ「対話」は必要なのでしょうか。
学びの中心に対話を置くときの
「土台となる考え」とはなんなのか、
まずはそこからおさえていきましょう。

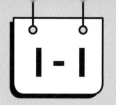

すべての学びは「対話」から

どんな学びも「対話」が決め手になる！

▌学びのすべてに「対話」が存在する

　すべての学びに「対話」が存在します。対話のない授業はありません。こう聞くと、「確かに！」と納得する人もいれば、「本当にそうかな？」と疑問を抱く人もいることでしょう。こうした多様な反応が示されることは、自然なことだと思います。
　それでも、すべての学びには「対話」が存在するのです。
　学年や教科にかかわらず、すべての授業には対話が確かに存在し、その対話の質こそが、その授業の質を決めていくのです。

▌静かに集中しているときにも「対話」をしている

　なぜ、すべての学びに「対話」が存在すると言えるのでしょうか。話し合い活動をしているときなどは「対話」の存在を理解できても、教師が一方的に説明をしている場面や集中して漢字の書き取りをしている場面など、誰一人として話をすることもなく、教師の指示や鉛筆の音が聞こえるだけの場面ではどうなのかと思われることでしょう。
　しかし、そんなときも、子どもたちは、「対話」をしているのです。いったいどんな対話をしているというのでしょうか。

▌「対話」せずにはいられない

　なぜ、「対話」のない学びはないと言い切れるのでしょうか。それを

理解していただくためにも、試しに、今から3分間、何も考えずにいてみてください。どうでしょう。本当に何も考えずにいることができたでしょうか。人は何も考えていないと思われるときでさえ、なんらかの思考を頭の中で巡らせているのです。そして、これも「対話」なのです。

WORK

☑ 対話の大切さを体感するワーク

1 3分間、何も考えないように指示をする。

2 1分が過ぎたあたりで一度止めて、どのくらいの子どもたちが何も考えずにいられたかを確認する。

3 再度、何も考えない時間を体感させる。

4 振り返りを行い、何も考えないようにしても人は頭の中でなんらかの「対話」を行い、思考をめぐらせていることを伝える。

ADVICE!

対話には大きく分けて「自分に向けての対話」と「外に向けての対話」があり、そのつかい分けを意識させることで対話力が変わっていきます。

対話のもつ力

対話には議論だけではなく1人ひとりの学びを深める力がある！

対話の力が発揮されている場面とは

　「対話」というと、どのようなイメージが浮かぶでしょうか。クラス全体で話し合っているところ、グループで話し合い活動を進めているところ、あるいはペアで学習を進めているところ。また、1人ひとりがノートに考えを記しながら自己内対話をしているところなど。そのどれもが、対話が進んでいる状態であり、対話の力が発揮されている場面です。

　そして、あらゆる授業で子どもたちに対話を通して思考させ、発表させる場面がありますが、例えば、算数の解決方法を思考する場面などでは、対話の効果を強く実感できることでしょう。

対話だからこその優れた機能

　すべての学びの場面に存在する「対話」は、子どもたちにどのような効果をあたえてくれるのでしょうか。「対話だけでは消えてしまうから効果がない」という意見を耳にすることもありますが、子どもたちが話したことがすべて消え去ることなど決してありません。さまざまな考えや意見に触れることで、学習意欲や学びの深度が一気に高まります。

広がる対話の力

　対話をすることで、次のような効果が期待できます。まず、**アウトプットすることで自分の記憶に残すことができること**。つぎに、**人と話すこ**

とで自分とは違う意見を聞き、新しい情報を得られること。さらには、人と話すことで思わぬ意見に気が付けること。

　もちろん、まだまだ対話の力は広がっていきますが、対話からもたらされる効果はスピーディに発揮されていきます。

TRAINING POINT

☑ 対話が思考を促す

対話のないとき　　対話のあるとき

ADVICE!

学習活動を指示した際は、「今、子どもたちはどんな対話をしているのか？」を意識することで、子どもたちの見え方が変わっていきます。

学級経営成功のカギは「対話」

毎日つかう膨大な数の言葉。「その言葉をどうつかうのか?」が大切!

▎人はどれだけの言葉をつかうのか

　人は1日に6万秒程度意識のある状態(つまり起きている状態)にあると聞いたことがあります。そして、その間、常になんらかの思考(自己内対話)をしているはずですが、その対話のためには言葉をつかう必要があります。1秒間に1語つかっていると考えると、1日に6万語つかっていることになります(実際には、もっと多いかもしれません)。

　その「6万語をどうするのか?」によって、クラスの雰囲気や1人ひとりの子どもの成長が大きく変わってきます。

▎クラスでは75万6000語

　クラスで考えてみましょう。子どもたちが学校にいる時間を1人1日7時間(6時限授業)として、7時間を秒にすると2万5200秒になり、30人学級であれば75万6000秒となります。これをつかわれる言葉の数に換算すると、なんと75万6000語。この膨大な数の言葉による対話が、「良い言葉の対話」となるのか「悪い言葉の対話」となるのかで、クラスの状態が大きく左右されることに説明は必要ないでしょう。

▎子どもたちの言葉に耳をすます

　クラスの子どもたちが、毎日どのような言葉をつかっているかということにもっと敏感になりましょう。敏感になることで、良い言葉も悪い

言葉も含めて、これまで気付くことができなかった「声」が聞こえてきます。「対話」をよりよくし、ひいてはクラスの状態をよくすることへの第一歩は、教師が常に子どもたちの対話を知ることです。

知ることで、よくしていくための手掛かりが得られるのです。

WORK

☑ 言葉の力を感じ取るワーク

1 プラス言葉をつかうと前向きに、マイナス言葉をつかうと後ろ向きになることを説明する。

2 4人グループをつくり、1分間、マイナス言葉だけを言い合わせる。（例：「どうせできない」「授業なんておもしろくない」「勉強めんどくさい」など）

3 次に、1分間、プラス言葉だけを言い合わせる。（例：「やればできる!!」「授業は最高に楽しい!」「勉強ほどおもしろいものはない!」など）

ADVICE!

日頃から、子どもたちが悪い言葉をつかっているのを聞いたら、すぐにその逆にあたる良い言葉を考えて、子どもたちに伝えていきましょう。

1-4 対話力で子どもも教師もハッピーに

「主体的・対話的で深い学び」を実現させる必須要素！

■「対話力」で主体性が身につく

　「主体的・対話的で深い学び」を実現するためにも、「対話」のある授業であることはもちろん、教師と子どもが一体となってこれを達成できる授業を目指さなければなりません。「主体的」であることの必要性を訴えるエピソードにカウンセリングがありますが、悩みや問題を「自分で解決しよう」としなければ、どんなワークを通じても解決することはできないと心理学的にも言われています。主体的な学習を日常的に成立させるためには、「対話的な学び」が非常に効率的かつ有効となります。

■「対話力」が教師に喜びをもたらす

　子どもが主体的であることは、教師にとっても大きな喜びです。
　子どもを成長させていくことが教師の仕事の本分であるのは言うまでもない事実ですが、子どもが自分自身の言葉で対話をしながら成長を遂げたところを目の当たりにできたとき、赤ん坊が自分の足でよちよち歩きを始めた瞬間のような大きな感動をもたらしてくれます。

■「対話力」が子どもの学びも教師の授業力も引き上げる

　対話力が子どもたちに身についてくると、子どもも教師も確実にハッピーになることができます。その1つの理由として、子どもたち主導で学習を進められるということが挙げられます。45分間じっと教師の

話だけを聞く授業を子どもは好みません。それよりも、自分たちが主体となり、対話を通じて課題を解決する時間のある授業のほうが意欲が高まるだけではなく、学びも大いに深まります。そして、教師は、子どもたちをじっくり見ながら授業を進めることができるのです。

WORK

☑ 対話でハッピーを感じるワーク

1 簡単な計算プリントを2種類配付する。

2 1つめのプリントを1人で3分間、一言も話をせずに取り組ませる。

3 2つめのプリントを4人グループで取り組ませ、分からない問題は相談したり、早くできた人は困っている人に教えたりさせる。

4 どちらの方法がよかったかを振り返らせて、選んだ方法と理由を発表させる。

ADVICE!

対話を授業に取り入れ始めて「うまくいかない」と思っても、まずは焦らずじっくり進めましょう。子どもも教師も慣れの時間が必要です。

「主体的・対話的で深い学び」を実現

対話力が上がれば、学びの効果はぐんぐん上がる！

■「主体的」につなげる対話とは

　「対話力」が身についた子どもたちに表れてくる大きな変容の1つとして、「主体的になる」ことが挙げられます。対話力のついた子どもたちと授業をすると、その勢いに教師自身が圧倒されることでしょう。
　それほど対話力を身につけることで、授業がダイナミックに活気づき、勢いが生まれます。それも、ただ子どもが話すようになるというだけではなく、自ら進んで効果的な対話を行っていくようになるのです。

■「対話力」を身につける対話とは

　「対話的」と言われているから、とりあえずペアワークやグループワークをしているという授業をよく見かけます。もちろん、実施しないよりはいいと思いますが、ただ行うだけでは、子どもたちに対話のスキルは身につきません。対話のスキル1つひとつやその効果を具体的に子どもたちに伝え、理解させながら実践していくことで、子どもたちは対話力を身につけていくことができるのです。

■「深い学び」へとつながる対話とは

　同じ対話をしても、深い学びへとつながるパターンと、そうでないパターンがありますが、そもそも深い学びへとつながる対話とはいったいどのような対話なのでしょうか。また、どのようにすれば深い学びへと

つなげることができるのでしょうか。その核心については後述しますが、まずは「深い概念へと向かう」「さらに思考レベルが深まったり広がったりする対話をする」ことが挙げられます。その実現のためには、対話スキルの中でも「質問」が欠かせません。

WORK

☑ 意見交換を身につけるワーク

1 ノートと鉛筆を持って全員席を立たせる。

2 3分間、教室中を自由に立ち歩き、できるだけたくさんの人と意見交換をする。その際、話をしたというサインをもらうようにする。
＊慣れてきたら、「男女でやりましょう」などと条件を付けて実施すると、学級経営にも役立てることができます。

ADVICE！

深い学びにならないと感じても、「対話を続ける」「質問をする」を継続していくと、だんだん深い思考で対話する姿が見られるようになります。

1-6 対話力アップの必須ワード❶

オートクライン

対話で、「自分自身の考え」に気が付ける！

オートクラインとは

　例えば、自分自身が誰かと話をしているときに、「あっ！」と気が付くような場面を体験することがあるかと思います。つまり、これがまさに「オートクライン」なのですが、コーチング用語では「自分の話した言葉（内容）を自分で聞くことによって、自分が考えていた内容に気が付くこと」という意味があります。話し手は自分の考えをなんでも知って話しているように見えますが、じつはそうではない部分もあるのです。

対話のパターンを増やす

　オートクラインを理解していれば、子どもたちに対話をさせるときのパターンが増えます。通常、対話をする目的として「情報交換をさせる」「意見をもたせる」ことが多いかと思いますが、「気付かせるために対話させる」という選択肢を増やすことができます。

オートクラインの活用場面は

　オートクラインを活かす場面として、まずは「自分の考えに気付かせる」場面が挙げられます。子どもたちに対話させることによって、まだ気が付いていない自分自身の考えに気付かせるのです。その際、必ずノートにも考えを書かせると、気付いたことを残すことができます。オートクラインを活用する場面でのポイントは、「話す→書く」となります。

WORK

☑ オートクラインを体感するワーク

1 全員起立させ、1分間、ペアトークで自分の考えを伝え合う。
（例：遊びに行くなら海がいいか山がいいか）

2 ペアトークで「これまでそんなこと考えたことなかったな」という気付きや発見を交流させる。

3 交流した気付きや意見を全体発表させ、意見を話すことで新しい気付きが得られる効果を伝える。

ADVICE!

「オートクライン」の効果は、特に高学年であればできるだけ詳しく丁寧に伝えるのが有効です。用語自体も伝えていきましょう。

1-6 対話力アップの必須ワード❷

グループダイナミクス

グループ学習はその影響を見据えて意図的に取り入れる！

▎グループダイナミクスとは

　「グループダイナミクス」とは、心理学者クルト・レヴィンによって研究された集団力学のことで、集団において人の行動や思考は集団から影響を受け、また、集団に対しても影響をあたえる特性のことを言います。つまり、集団でいることで、ただその場にいる人の数だけの力が働くのではなく、それらが複合的に絡み合って成果が生まれるという考え方です。足し算ではなく、かけ算で考えるということですね。

▎グループダイナミクスが起こる瞬間

　本書で扱うグループダイナミクスは、ほとんどの先生方がすでに体験されていることでしょう。例えば、子どもたちがグループ学習をしているとき、あるいは、給食をグループで食べているとき、どんどんグループでの思考や雰囲気が深まったり広がったりして盛り上がっていくその瞬間こそが、グループダイナミクスが起こっています。

▎意図をもって仕組める

　教師がグループダイナミクスという効果を知っていれば、より意図的にグループ学習を仕組むことができるでしょう。いろいろなアイデアを出したいと思うときに有効ですし、どうしても乗り越えられないような課題を解決するときにも有効です。こうした対話の効果を知ることで、

「ただ」グループ活動をするのではなく、「意図をもって」グループ活動を仕組むことができるようになるのです。

WORK

☑ グループダイナミクスを起こすワーク

1 やや難しい発問をして、自分の考えを誰とも相談せずに書かせる。
（発問例：社会科「日本の選挙の投票率をさらに引き上げるための方法を考えよう」など）

2 3分間、4人グループで考えさせる。

3 振り返りを行い、1人とグループでは、どちらがたくさんアイデアが出たかを発表させ、グループで話し合うことの価値を伝える。

ADVICE!

「グループダイナミクス」が起こるには、少し時間がかかります。うまくいかない場合は、班で話す時間をやや長めに設定してみましょう。

1-6 対話力アップの必須ワード❸

対話の3段階

「発表」「質問」「反対」で対話の力をじっくり育てる！

▌見通しをもつ

　子どもたちの学習意欲を高めていくためには、1年間でどのような対話力を身につけさせなければならないか、具体的な見通しをもつことが大切です。私は、その見通しのベースに、対話の3段階となる「発表」「質問」「反対」を据え、これらを順番に育てていくことで対話力アップをはかっています。指導の見通しをもつことで、子どもたちの今の位置を把握することができるようになります。

▌まずは「発表」＋「傾聴」

　第1段階として、「発表できる力」を育てていきましょう。そのためには、「発表者」を育てるのと同時に「傾聴者」を育てていかなければなりません。もし、クラス全員の前で発言する場であれば、発表者は1人であり、傾聴者がその他全員となるからです。「安心して話せる場」であるからこそ、発表者も発表しようと思えます。

▌「質問」と「反対」で対話レベルを上げる

　子どもたちが発表することに十分慣れてきたら、「質問すること」を導入していきましょう。「質問」は、段階で言うと2番目にあたりますが、質問を取り入れた時点で、もうすでにかなりの対話レベルが上がっているはずです。そして、質問することで学習はぐっと深くなるのです。

質問することにも慣れてきたなら、最後に「反対意見を出すこと」を取り入れていき、対話力を成熟させていきましょう。

WORK

☑「賛成」「質問」「反対」を体感するワーク

1 ペアトークで、「朝食は、ごはんかパン、どちらがいいか？」を話し合わせ、それぞれ別の立場から理由を考えさせる。

2 「賛成」の体感：理由を説明し合い、聞いた人は「いいね！」と言う。

3 「質問」の体感：理由を聞いた後、「なぜ〜〜なんですか？」と質問する。

4 「反対」の体感：理由を聞いた後、「でも〜〜には反対です」と反対する。

ADVICE！

発表することだけで時間がかかるクラスもあることでしょう。そんなときは焦らず、「発表ができる」段階まで練習していくことが重要です。

1-6 対話力アップの必須ワード ❹

タイプ分け

対話のタイプを知ることで、「話し合いの地図」を手に入れる！

▍話し合い活動での子どもの様子を思い浮かべる

　子どもたちが授業で話し合い活動をしている様子を思い浮かべてみましょう。国語科で、社会科で、算数科で、理科で、特別の教科 道徳科で……。

　そのとき、いつも１番手で発表をする子がいるはずです。また、それに続けと２番手でエンジンがかかってくる子がいるのではないでしょうか。そして、最後ではありながらも、ズバッと鋭い意見を言うような子もいるはずです。

▍話し合い活動における４タイプ

　話し合い活動において、人は４タイプに大きく分けることができます。

　　プロモーター：注目されるのが好きで１番手に発言するタイプ
　　サポーター：合意を大切にし、２番手に発言するタイプ
　　コントローラー：自分を主張したい３番手タイプ
　　アナライザー：冷静で正しさを重視し、議論をまとめるタイプ

　もちろん、この４タイプにすべての子どもがきれいに当てはまるわけではありませんが、このようなタイプを教師が理解しておくことが非常に大切です。

話し合い活動の地図をもつ

　前述の4タイプがどのような流れで話していくのかということを見極めることで、話し合い活動の流れの基本型をつかみながら授業展開させることができます。すると、対話という空中戦（可視化されていない状態）でも、教師の頭の中に地図を描くことができるのです。

　それは、地図も持たずに大海に出たときと、地図をきちんと持って目的地を確認した上で航海に出たときとの違いくらい、大きな差が生まれます。

ADVICE!

話し合いが活発にならないときには、プロモーターやサポータータイプの子を指名していくと議論が活発になります。

1-6 対話力アップの必須ワード ❺

ファシリテーション

子ども中心の対話にはファシリテーションが欠かせない！

ファシリテーションとは

　学校現場でも、「ファシリテーション」の大切さが認識されるようになってきました。ファシリテーションとは、会議や話し合いの中で、参加者の発言を促したり、話の流れを整理したりすることで参加者の合意形成や相互理解を支援することです。それにより組織や集団の活性化や発想の促進、問題の解決など、成果を上げることが期待されています。
　学習を対話中心に設定したときには、とても大切な要素となります。

ファシリテーターのもっとも大切なこと

　ファシリテーションする人のことを、「ファシリテーター」と言いますが、そもそもファシリテーターにはどのような能力が必要なのでしょうか。話し合いを促したり、整理したり、まとめたりといろいろな役割がありますが、なによりも大切な能力は「傾聴」です。
　子どもたちの発言を心を込めて聞くという行為そのものが、非常に大切なスキルとなります。話し手を尊重するからこそ、対話が大切にされるのです。

求められる3つの役割

　傾聴を土台にしながら、ファシリテーターには「促進」「話の整理」「まとめ」の役割が求められます。

まず、「促進」のためには「組み立て」と「問い」の準備、「話の整理」のためには「チャンクダウン（アップ）」（Chapter 2 の p.58 〜 59、72 〜 75）と「スライドアウト」（Chapter 2 の p.60 〜 61）、「まとめ」のためには「構造的な板書」という能力が必要です。それぞれの能力の身につけ方・高め方については後述していきますが、ぜひ、この 3 つの能力を身につけるようにしていきましょう。

TRAINING POINT

☑ 事前準備でポイント整理

1. どのような話し合いの種類を組み合わせるか
   (例) ペアトーク→パブリックトーク→グループトーク
2. 「問い」の準備（発問の用意として考える）
3. チャンクダウンをして何を考えさせたいか
4. スライドアウトをしてどのような話題に触れたいのか
5. まとめるために、どのような板書にするのか

＊以上のポイントをまとめておいてから、子どもたちとの議論に臨むようにすると、スムーズにファシリテートすることができます（「板書」については Chapter 2 の p.64 〜 79 を参照）。

ADVICE!

TV の司会者などを参考にしてみましょう。名司会者はじつに高度なファシリテーターで、出演者の発言やトーク参加を絶妙に促しています。

1-6 対話力アップの必須ワード ❻

原因論と目的論

問題解決では「原因論」と「目的論」のつかいこなしがカギ！

▌どうすれば問題を打破できるのか

　話し合いがうまくまとまらない。意見があちこちに飛び交い、クラスが１つの方向に向かっていかない。もしも、そのような場面に遭遇したならば、あるいはそのような相談を若い教師から受けたならば、どのようにしてその状況から脱出することができるでしょうか。
　そのカギとなるのが、「原因論」と「目的論」です。

▌原因論の意義とは

　「原因論」とは、その名の通り、その問題の原因を探ることで解決しようとする考え方です。
　例えば、クラスの子どもたちは、なぜうまく話し合い活動を機能させることができていないのかを探ることが「原因論」です。「話し合いのスキルが身についていない」「話し合いのテーマが子どもたちの意欲をかきたてていない」などを探っていく考え方です。
　指導者として、原因をつかむことは解決のためには欠かせません。

▌目的論で語る

　しかし、原因論をそのまま子どもたちにぶつけてみても、効果は生まれません。教室の空気は一気に険悪になり、良い方向へと展開させていくことは難しいでしょう。

そこで、子どもたちには「目的論」で話します。「なぜ私たちは今、話し合い活動をしているのだろう？」「〇〇（クラス）をよくすることで、どんな成果を得たいのだろう？」などと語りましょう。そうすることで、子どもたちは話し合いがうまくいかなくなっても、自分たちの力で乗り越えることができるようになっていきます。

TRAINING POINT

☑ 原因を探り、目的を再確認

ADVICE!

小学生であれば、当然、話し合いスキルは未熟です。そんなときは、Chapter 6 の「質問スキル」(p.138〜149)をどんどん伝えていきましょう。

1-6 対話力アップの必須ワード ❼

目的と手段

問題解決場面では、「目的」と「手段」のつかい分けが重要！

▎「目的」と「手段」とは

　問題解決をしていく際の対話には、「目的」と「手段」があります。ここで改めて、2つの意味を登山にたとえて確認しておきましょう。
　目的：山の頂上（自分たちの得たい成果は基本的に1つしかない）
　手段：山に登るためのルートやスキル（方法は幾通りもある）
　この2つを混在しないことが、対話において大切なことです。

▎「目的」と「手段」のつかい分け

　子どもたちに対話をさせるとき（特に学級会など）では、「目的を話しているのか」「手段を話しているのか」を分けるように意識しておきましょう。そうでなければ、子どもたちの対話には「手段」と「目的」が混在してしまい、対話がうまくいかなくなるからです。
　「今、なんのために話しているのか」を意識させるのが目的であり、「それをどのように達成することができるのか」を話し合うことが手段となります。

▎どんなときに「目的」と「手段」を話すのか

　話し合いにおいて、子どもたちの視野が狭くなってしまっているときには「目的」を確認するようにし、具体的にどう行動していいか分からないときには「手段」を伝えるといいでしょう。

たとえ話ばかりが続いて本筋からはずれているようなときには、「そもそもなんのためにするんだった？」と問いかけ、子どもたちの話し合い活動が止まっているときには、「じゃあ具体的に何をする？」と手段を聞くようにします。

TRAINING POINT

☑「目的」と「手段」を常にクリアに

ADVICE!

話し合いが停滞したら、問題の「目的」と「手段」を明確にします。そして、目的は1つであり、手段は無数にあることも再確認しましょう。

1-6 対話力アップの必須ワード ❽

緊急性と重要性

「位置」の見極めで教師の関わり方はより具体的で的確に！

■「緊急性」と「重要性」とは

　「緊急性」「重要性」と言葉にすると、「？？？」と疑問符が生まれるかもしれませんが、次頁の図を見れば一目瞭然でしょう。
　２つの座標軸と４つの領域で「緊急性」と「重要性」を示す有名な図ですが、これを使えば、子どもたちの対話がどこに当てはまるのかが明確に把握でき、学習の深まり方などの現在地を確認することができます。

■ 緊急性も高く重要性も高い問題では

　子どもの学びの現在地、つまり「位置」をしっかり把握することで、教師は介入の仕方を変えることができます。
　例えば、「緊急性も高く、重要性も高い問題（例えば、クラスの問題を解決しようと話し合っている場面）」では、教師は軽い雰囲気での介入はできません。
　教師こそより真剣になって介入するべきですし、そのような雰囲気をもって話し合いに参加していない子どもには注意をあたえるべきでしょう。

■ 緊急性もなく重要性もないような問題では

　では、逆に「緊急性もなく重要性もないような問題（例えば、夏休みの思い出など）」をテーマにした対話ではどうでしょうか。

こうしたときに、教師がしかめっ面をして介入したとすると、せっかくの楽しい雰囲気が台無しになってしまいます。また、この場面で深刻な表情をしている子どもがいれば、傍らに行って声をかける必要が出てくるでしょう。
　このように、子どもたちの対話の「緊急性と重要性」の位置を知ることで、その場の空気のつくり方を判断することができるのです。

TRAINING POINT

☑ 対話の「位置」をしっかりつかむ

ADVICE!

重要性が増せば話し合いの真剣度は高まり、緊急性が増せば教師の指示は多くなります。反対の状況では逆になります。

対話力アップの必須ワード ❾
アサーティブ

自分も相手も大切にすることで思いが伝わり、対話が円滑に！

▌アサーティブを正しく理解する

「アサーティブ」とは、コミュニケーションをする上でとても大切なマインドです。アサーティブを直訳すると「自己主張」となりますが、そのまま受け取ってしまうと、ややきつい表現に聞こえます。

しかし、コミュニケーションの際につかうときには、「相手に気持ちを伝える際、自分の気持ちを大切にすると同時に、相手の気持ちを大切にすること」としてとらえられます。

▌「ん？」と感じたときにはアサーティブチェック

子ども同士のコミュニケーションでも、自分の感情を大切にしながらそのまま相手に伝えることを苦手とする子が多くいます。自分の思っていることを口にすることが苦手な子、自分の気持ちを素直に表現することができずに、きつい言葉や調子で伝えたりふざけて伝えたりする子などさまざまです。

まずは「ん？　なんだか伝え方が変だ」と思ったときに、すぐに立ち止まってアサーティブができているかを考えましょう。

▌アサーティブを日常に

では、どうすれば子どもたちはアサーティブな対話ができるようになるのでしょうか。一番効果的な方法は、日頃から教師が子どもたちにア

サーティブについて語り、そして、日々教師自身が実践していくことです。

教師の意識が高くなれば、当然、子どもたちに伝える頻度が高くなりますし、そうした意識でいれば、子どもたちの姿を細やかにキャッチすることができます。

「意識」の違いと積み重ねで、子どもたちの成長に大きな差が生まれてくるのです。

対話力アップの必須ワード ❿

フィードバック

適切なフィードバックこそが成長をグーンと引き出す！

■ ポジティブさを導くタネ

　対話において子どもを効果的に成長させる要素の１つに、「フィードバック」があります。
　フィードバックとは、結果を原因側に伝え戻すことで原因側を改善したり向上させたりすることです。例えば、宿題を出したら教師が確認をし、子どものステップアップにつながるようなコメントを書き入れるなどして返却することです。

■ 正しいフィードバックを理解させる

　多くの子どもが勘違いをしているようなのですが、自分がアウトプットすることをネガティブにとらえている子どもがいます。そうした子は「失敗したらどうしよう」と、その機会を「成功か？　失敗か？」というようにとらえて、「うまく答えられなかったらどうしよう」「間違ったらどうしよう」と後ろ向きに考えてしまいます。
　それは、正しいフィードバックというものを知らないがために、そのような思考になっているのです。

■「失敗は存在しない。フィードバックが必要なだけ」

　NLP（Neuro Linguistic Programing：神経言語プログラミング）という心理学では、次のように言われます。「失敗は存在しない。フィード

バックが必要なだけ」と。自分の行為においては結果如何ではなく、ただフィードバックが存在しているだけなのです。そして、フィードバックはどのようなものであれ、必ず、自分の成長へとつながるものです。

「フィードバックは成長のため」というとらえ方が、教師も子どももできているクラスでは、失敗を恐れるということは着実に少なくなるでしょう。

TRAINING POINT

☑「失敗はない」と自信をもって見守る

ADVICE!

失敗を恐れる子どもは必ず存在します。その気持ちや状況を尊重しつつ、その子に積極的かつ意図的に発表の場をつくっていきましょう。

COLUMN 1

アイスブレイクで対話の土壌をつくろう

　対話の土壌となっているもの、それは「信頼」です。教師と子ども、子どもと子どもが信頼でつながっていなければ、どれだけ対話を積み重ねようとしたところで、何も積み上げることはできません。信頼があり、安心がなければ、人はコミュニケーションを積極的にとろうとは思えないのです。

　その信頼を築き上げるためにおすすめなのが「アイスブレイク」です。アイスブレイクは、アイスブレイクだけに特化した書籍も販売されているくらいですので、そういった書籍もぜひ参考にしていただきたいのですが、ここでは、私がよくクラスで行うアイスブレイクを紹介します。

　それは「セブンイレブンじゃんけん」というものです（出典：青木将幸『リラックスと集中を一瞬でつくるアイスブレイク ベスト50』ほんの森出版、2013年）。方法は次の通りです。

■セブンversion
　①教師は、ルールと時間を子どもたちに伝える（2〜3分程度で長くなりすぎないほうがいいです）
　②自由に2人1組をつくる
　③片手で1〜5まで出しながら互いにジャンケンをし、和が7（セブン）になるようにする
　　＊グーは「0」、パーは「5」、チョキは「2」、指1本は「1」、指3本は「3」、指4本は「4」。
　④7になるまで出し続け、7になったらハイタッチをして、別の2人組をつくって続けていく
　⑤時間内に1回でも多くハイタッチができることを目指す

■イレブンversion
　①今度は、両手で1〜5まで出すか、もしくは、片手だけで3人以上の組をつくってジャンケンをし、和が11（イレブン）になるようにする
　②その他は7（セブン）のときと同様に行い、3人以上でも達成したときには、ハイタッチをする

　「セブンイレブンじゃんけん」は準備もいらず盛り上がれる上、自然に相手のことを信頼できるようになる優れたアイスブレイクです。

Chapter 2

まずは教師から！指導の効果をグッと上げる基本の対話スキル

授業でも、日常でも、日々対話を繰り返しています。

しかし、その対話において「スキル」を

意識していかなければ、ステップアップできません。

本章では「対話スキル」について考えていきましょう。

2-1 スキルがあることを知る

対話スキルは、意識的に、段階的に、身につける！

無意識で使用する言語だからこそ

　私たちは、日々、無意識に言語を活用しています。それは、小学生の子どもたちであっても同様です。しかし、「対話」として学習を深めるために言語を用いるときには、スキルが必要です。ただ無意識に話しているだけでは、その対話が深まり、広がり、また、思いもよらない気付きをあたえてくれることもないからです。

　対話の力を知り、スキルをしっかり身につけた上で適切に使用していくことが大切です。

「リード」・「サポート」・「バックアップ」

　対話のスキルを身につけさせるためには、「段階」を意識した上で行なわなければなりません。私はその段階を、「リード」・「サポート」・「バックアップ」の考え方で実践しています。

　リード期は「教師が子どもをしっかり引っ張り進めていく」、サポート期は「教師は子どものサポートに入り進めていく」、バックアップ期は「教師は後ろに回って子どもの姿を見守る」という3段階を常にイメージしていきます。

　これを1年間では1学期、2学期、3学期として、さらに学期中でも3つに分けたり、1週間というバランスでもとらえたりします。

必ずフィードバックを

　子どもは、無意識のままに言語を活用しています。だからこそ、教師が指導をしなければ、そのレベルを上げることはできません。

　子ども自身が教師の目指すスキルに気が付くということは難しいため、1つのスキルを教えたなら、そのスキルがどれくらい達成できているのか、さらに上達させるためにはどのようなことに取り組めばいいのかなど、フィードバックをきちんと行いながら指導を進めましょう。

TRAINING POINT

☑ 意識的にスキルを身につけさせる

「無意識につかっている言語だからこそ、子どもへの指導が必要なのですよ」

なるほど〜

ADVICE!

まずは教師自身が対話スキルを意識しながら、職員室などをはじめ、対話できる場では積極的に言語を活用していきましょう。

2-2 対話の8割は聞き手

聞く時間が圧倒的に多い授業。対話力アップには聞き手指導から！

▌聞き手への指導を忘れるべからず

「対話スキル」と聞くと、まずどのようなことを思い浮かべるでしょうか。また、子どもたちに「今から対話スキルを教えるよ」と言ったなら、どのようなことをイメージするでしょうか。対話には、基本的に「話し手」と「聞き手」が存在しますが、きっと「話し手」をイメージすることでしょう。

しかし、子どもたちを指導する際に忘れてはならないのが「聞き手」の指導なのです。

▌「聞き手」こそ対話の質を左右する

「聞き手」の指導を大切にしなければならない理由は、対話が成立するかどうかは聞き手で決まるからです。

もちろん、話し手がまったく話さないとなれば、その時点で対話は成立しませんが、話し手がいくら素晴らしい話し方をしても、聞き手が聞かなければ、対話として成立しないからです。そのことを子どもに理解させなければなりません。

▌1人以外のすべての子どもが「聞き手」

クラスという単位で学習をする以上、全体に向けて話をするときには、話し手となれる人は基本的に1人です。例えば、35人学級であれば、

1人が話し手となり、34人は聞き手となるのです。また、教師が子どもたちに語っているときには、35人全員が聞き手となります。

対話の指導となると、とかく話し手がクローズアップされがちですが、じつは聞き手への指導こそとても大切な要素となります。

ADVICE!

「話すことが苦手な学級」の担任になったら、4月から聞き方指導に比重を置きます。「クラスに安心感がないから話せない」という視点が必須です。

2-3 聞き手の基本スキル ❶

視線

「視線」の指導だけで子どもたちの聞き方はグッとよくなる！

■「目」の重要性

　「目は口ほどに物を言う」「百聞は一見に如かず」ということわざがありますが、目はそれほど重要な部位として昔から考えられてきました。学校教育においても、「相手の目を見て話を聞きましょう」という指導フレーズが用いられています。

　脳と直接つながっている部位のうち、外にふれているものは「目」しかありません。対話の中でも「目が多く動くと落ち着いていない。困っている」「上を向いているときには、何か考えごとをしている」と、目の動きで相手の状況を知ることができます。それほど「目」、つまり「視線」は対話においても重要な要素なのです。

■「視線」を正しく送る

　「視線」の大切さを理解するために、次頁のワークを行ってみましょう。ワークを行うことで、すぐに「視線」の大切さに気が付くことができます。視線をまるで違う方向にすれば「まったく話を聞いてもらえない」「嫌な気持ちになる」となり、目線を送れば「きちんと聞いてもらえた」という気持ちになるからです。

　このワークは非常に簡単で大きな効果があります。それは「子どもたちが体感できる」からです。

　体感を伴ったものは、よりリアルに伝わります。

WORK

☑ 「視線」の効果を高めるワーク

1 2人組をつくり、話のテーマを決める。
（例：「今日の朝ごはん」など軽いテーマが適切）

2 「話し手」「聞き手」の順を決める。

3 30秒間、話し手がテーマについて話す。そのとき、聞き手は視線を話し手とはまるで違う方向に向ける（ダメな視線）。

4 次に、30秒間、聞き手はきちんと話し手の目に視線を向けて聞く（良い視線）。

ADVICE!

目に視線を送ると、お互いに「きつい感じ」になってしまう場合があります。そんなときは、首の下あたりに視線を送るようにアドバイスしましょう。

2-3 聞き手の基本スキル❷

頷き

「頷き」が身につくと、聞き方レベルはどんどん上がる！

■「頷き」とは

　前項で紹介した「視線」の次に子どもたちに身につけさせたいのが、「頷き」です。こくんこくんと首を縦にふるようなイメージで耳を傾ける聞き手の姿をイメージしてみてください。

　頷きには、相手の話を聞いていることを伝えるメッセージがあることはもちろん、相手と会話のリズムを合わせることもできます。

　人は会話のリズムが合うことで、気持ちよさを覚えるものです。また、辞書には、「頷く」は「肯定・同意・承諾などの気持ちを表して首をたてに振る。合点する。」(三省堂『大辞林 第三版』)とあります。

■ 頷きが上手な人は

　では、良い頷きとはどのようなものでしょうか。
- ・相手の話すリズムやテンポ、声の大きさなどに合わせて頷く
- ・相手の話の切れ目に頷く

　この２点をまずはしっかり子どもたちに理解させ、テーマを決めて次頁のワークを実際に行ってみましょう。

　子どもたちは、「良い頷き」を「ダメな頷き」と比べて違いを十分に感じることができるでしょう。体感することが何より大切です。

WORK

☑ 「頷き」の効果を高めるワーク

1 2人組をつくり、話のテーマを決める。
（例：「今日の朝ごはん」など軽いテーマが適切）

2 「話し手」「聞き手」の順を決める。

3 30秒間、話し手がテーマについて話す。そのとき、聞き手は激しく頭をふったり、回数を多くふったりして相手の話を妨げるように頷く（ダメな頷き）。

4 次に、30秒間、聞き手は話し手の話すリズムやテンポ、声の大きさ、話の切れ目などに合わせてこくんこくんと適度な回数で頷く（良い頷き）。

ADVICE!

まずは教師がお手本を見せます。また、TVの名司会者などの動画を子どもと視聴し、教師が解説を加えていくのも理解につながります。

2-3 聞き手の基本スキル ❸

相槌

名人級に聞き方レベルを引き上げるには「相槌」が不可欠！

▎「相槌」とは

「視線」と「頷き」がしっかり身につけば、それだけでもう素晴らしい聞き手です。しかし、そこで満足せずに、さらに「聞き方名人」になるためのスキルがあります。それが、「相槌」です。相槌をうつことで、より相手との会話のリズムや調子を合わせることができます。

辞書には、「相槌」は、「相手の話に調子を合わせてする応答。」（三省堂『大辞林 第三版』）とありますが、言葉を発するのが「相槌」であるのに対して、首を縦にふるという動きが「頷き」です。

どちらも、相手に合わせて相手が話しやすくなるように行うことが基本です。

▎相槌でつかう言葉

相槌にはどのような言葉があるのでしょうか。例えば、次のような言葉を子どもたちに例として紹介していくといいでしょう。

「うんうん」「なるほど」「いいねぇ」「ほうほう」「へ〜」「そっかそっか」「えー（驚きを表す）」「そうなんだ」「わかるなぁ」

これらはあくまでも代表例であって、その他にも、自然と出る言葉はどんどんつかっても構わないことを子どもたちにも伝えます。

WORK

☑ 「相槌」の効果を高めるワーク

1 2人組をつくって、話のテーマを決める。
（例：「今日の朝ごはん」など軽いテーマが適切）

2 「話し手」「聞き手」の順を決める。

3 30秒間、話し手がテーマについて話す。そのとき、聞き手は大きな声で「へ〜」「ふ〜んふ〜ん」「えー」などと言いながら相手の話を妨げるように相槌をうつ（ダメな相槌）。

4 次に、30秒間、聞き手は話し手の話すリズムやテンポ、声の大きさ、話の切れ目などに合わせて「うんうん」「なるほど」「いいねぇ」などと言いながら相槌をうつ（良い相槌）。

ADVICE!

「頷き」も「相槌」も相手に合わせることが基本です。自分の行為よりも相手に意識を向けるように繰り返し伝えていきましょう。

対話レベルは質問力で決まる

対話を核にした授業づくりのカギは「質問」!

レベルアップの伸びしろはたっぷり

　聞き手がすぐれた聞き方をすれば、話し手はとても話しやすくなります。それだけで、対話の雰囲気は変わってくるでしょう。
　「話しやすい」という雰囲気は対話をする上での絶対条件です。そのような雰囲気をクラス全体でつくり出せれば、本当にすごいことです。クラスは活気づき、対話をスムーズにエネルギッシュに進めることができるでしょう。しかし、まだまだ、対話における伸びしろは大いにあります。

深い考えや新たな疑問に出合うために

　前述のような状況になると、対話による「情報の交換」がスムーズに行えるようになるでしょう。しかし、深い考えや新たな疑問という思考レベルにまではたどり着くことはできません。それは、話しているレベルの抽象度が落ちていかないからです。
　対話の深さは「抽象度がどれだけ具体化されていくか」に起因します。対話を深めるためには、スキルが必ず必要となるのです。

クラスの深度を大きくする

　対話を深めるためのスキルとはなんでしょうか。それは「質問」です。質問をするからこそ、話の抽象度を具体化し、コクを出していくこと

ができるのです(「質問」の詳しいやり方については、Chapter 6 の p.138 〜 149 参照)。

　授業を行う教師や子どもたち自身に「質問力」が備わり、その力を自在に扱うことができるようになることで、テーマに対して幅広い意見が出されるなど、学習の深度は格段に深まります。

2-5 ファシリテートの基本スキル ❶

チャンクダウン

議論をするときに必要なのは、「対話の地図」を描くこと!

■「対話の地図」をもつために

　教師がファシリテーターとなって議論を進めているときに、次のようなつまずきに陥ることはないでしょうか。それは、子どもが話し合い活動を進めていく際に、自分の頭の中で話の整理ができないということです。

　それを解消するのが「チャンクダウン」であり、次項で紹介する「スライドアウト」です。この2つのスキルは、「対話の地図」をもたらしてくれます。

■ チャンクダウンとは

　「チャンクダウン」とは、「かたまり」という意味ですが、対話においては、対話のテーマなどの抽象度を一段下げて具体化するという意味が込められています。

　子どもたちの意見が表面的でなかなか深まらなかったり、もっとさまざまな考えを引き出したかったりするときに、「チャンクダウン」は有効なスキルとなり、子どもたちの対話を深めてくれるのです。

■ チャンクダウンさせるための質問

　では、どのようにすれば、チャンクダウンすることができるのでしょうか。それは、子どもたちの意見に対して「5W1H」で質問をすること

です。

「なぜ、そのように考えたの？」「どうしてそのようにしたの？」「いつからそうすることにしたの？」などと子どもたちに切り込むと、子どもたちから深い意見を引き出すことができます。また、「もう少し詳しく教えて」「エピソードは？」なども有効です。

ADVICE!

チャンクダウンしようとしても、答えられない子がいたら、別の子に意見を求めるなどしてモデルを示してあげるようにしましょう。

2-5 ファシリテートの基本スキル❷

スライドアウト

「スライドアウト」の活用で一気にファシリテーター名人に！

話し合いを広げるスライドアウト

「チャンクダウン」が対話の抽象度を下げ、より具体的な意見を引き出したいときに用いるのに対して、「スライドアウト」は話題を展開し、より議論を広めたいときに用いるスキルです。

例えば、ファシリテーターとして子どもたちと話し合いや議論を進めているとき、「そろそろ違った意見も聞きたいな」と思う場面が必ずあるものですが、そんなときにつかえるのが「スライドアウト」なのです。

キーワードは「ほかには？」

スライドアウトは、ある質問のフレーズを知っていれば、それだけでほぼつかいこなすことのできるスキルです。それは「ほかには？」です。

例えば、「好きな食べ物は？」というテーマで対話をしているとき、チャンクダウンをすることで内容は深められますが、「ほかには？（好きな食べ物）」というフレーズを入れれば、「ええと、お寿司」などというように話題を変えることができるのです。

教師が手綱をもって議論を進めることができる

前項のチャンクダウンとともにスライドアウトを知ることで、ファシリテーターとして対話をコントロールすることができます。「深く突っ込んでいきたい」と判断したときには、チャンクダウンを活用できます

し、「別の話題に移って広めたいな」と思うときには、スライドアウトを活用することができます。

　これで、議論が行き当たりばったりではなく、内容の深まりや広がりを見極めながら、教師が手綱をもって進めることができるようになるのです。

TRAINING POINT

☑「ほかには？」で対話を広げる

ADVICE!

手の動作で対話の抽象度を子どもに示すようにするとより意識化されます。チャンクダウンでは手を下へ、スライドアウトでは手を上に上げます。

2-5 ファシリテートの基本スキル ❸

オープンクエスチョン

対話を深める必須スキルの「オープンクエスチョン」！

▎クローズドクエスチョンだけでは深まらない

　チャンクダウンで対話を掘り下げていくときには、ルールがあります。それは「オープンクエスチョンをつかう」ことです。
　「オープンクエスチョン」とは、「単純に『はい』『いいえ』では答えられない質問のこと」です。例えば、「朝ごはんはパンを食べましたか？」と聞くと、「はい」「いいえ」しか答えの選択肢がなくなり、回答を選ぶことができません。これらは、「クローズドクエスチョン」と呼ばれます。

▎オープンクエスチョンとは

　前述の通り「5W1H」を入れた質問が基本となるものがオープンクエスチョンです。「（朝ごはんは）何を食べましたか？」「～誰と食べましたか？」「～どこで食べましたか？」などと質問をすると、「はい」「いいえ」の2択ではなく、回答側が考えて答えることができます。そして、オープンクエスチョンを何度か重ねていくことで、対話の深まりが始まるのです。

▎組み合わせて、どんどん深める

　「クローズドクエスチョン」と「オープンクエスチョン」を組み合わせる方法もあります。
　例えば、国語科授業名人の野口芳宏先生は、まず「○か？　×か？」

と聞きます。クローズドクエスチョンなので回答側はとても答えやすくなります。そしてさらに、「なぜそのように判断したのか？」と根拠を問います。つまりこれは、「なぜ〜」と問いかけているオープンクエスチョンなのです。

まず、相手が回答しやすい質問で始め、オープンクエスチョンで考えを深めさせていっているのです。

ADVICE!

オープンクエスチョンを乱発すると、受け手は「詰問」と感じることもあります。受け手の表情や全体の空気感にも意識を向けましょう。

2-6 対話力をアップさせる板書 ❶

箇条書き

対話を助けるツールNo.1の黒板を最大限に活用しよう！

ファシリテートに不可欠

　子どもの対話をファシリテートするときに欠かせないツールの1つが黒板です。意見を板書して可視化することで、子どもたちの思考は整理されていくため、対話を深めるのにもっとも役立つものと言っても過言ではありません。

　話し合いのタイプに合わせて板書法をつかい分けていくためにも、まずは自分なりに黒板をつかいこなしましょう。

まずは箇条書きから

　板書の基本中の基本となるのが「箇条書き」です。簡単かつ効果のある板書法で、出てきた意見を順番に整理しながら書いていくだけというシンプルな方法です。

　箇条書きで気を付けなくてはいけないのが、意見を要約して書くということ。ただ単に子どもが話す言葉をそのまま書いていては、ずいぶんと間延びしてしまいます。

　また、教師が黒板に書く時間が長くなると授業がだれてしまうので、できるだけ素早く板書していくことが大切です。

書かせるときは縦書きで

　箇条書きは、ぜひ、子どもたちにも身につけさせたいスキルです。そ

のためにも、子どもたちにはどんどん黒板に書かせていきましょう。

その際、縦書きで書かせるのがポイントです。横書きだと1人分だけでスペースをとられてしまいますが、縦書きであれば複数の子どもが一斉に書くことができるようになります。

もしも学校に発表ボードがあるときには、それらを活用してもいいでしょう。

TRAINING POINT

☑ 子どもたちにも縦書きで

ADVICE!

慣れるまでは、「どんなことでもいいよ！」と安心感をあたえ、ほめたりモデルを示したりしながら焦らず身につけさせていきましょう。

2-6 対話力をアップさせる板書 ❷

ディベート型

黒板を「分ける」だけで思考が刺激され、対話はみるみる深まる！

❚ ディベート型の授業とは

　クラス全体で対話しやすい「ディベート型」の授業は、何年も前から国語科をはじめ、道徳科、社会科、理科などさまざまな教科で実践されてきました。ディベート型の授業とは「Aか？　Bか？」「○か？　×か？」「賛成か？　反対か？」など、2つの立場に分かれ、議論することで考えを深める学習です。

　なぜ、子どもたちはディベート型の授業では話しやすいのかというと、それは「立場を決めて話し合う」ことが大きな要因となるからです。

❚ 線で分ける

　ディベート型の授業でも、黒板を活かす方法は非常にシンプルで簡単です。黒板の真ん中に線を入れるだけで、2つの立場に分けた板書ができるからです。

　もしも立場が3つであったなら、その線を2本にしたり、Y字型に線を入れるようにします。そうすると、黒板を3つに分けることができます。「分ける」ことが大切なのです。

❚ 分けた黒板にどんどん意見を書く

　分けた後には、それぞれの意見をどんどん書き込んでいきましょう。それだけで「どの立場の人がどんな意見を出しているのか」ということ

が一目瞭然です。

　子どもたち自身に直接書かせても、もちろん構いません。そうすることで、ディベート型の授業が黒板を使って深められていきます。また、出された意見をもとに教師がオープンクエスチョンを用い、子どもたちに発問を投げかけてもいいでしょう。

ADVICE!

ディベート型の授業で心配されるのは、子どもが白熱しすぎること。そのときはChapter 1-6-⑨「アサーティブ」(p.40〜41)を取り上げましょう。

2-6 対話力をアップさせる板書 ❸

構造型

構造型の板書で黒板をダイナミックに、子どもの対話力を高める!

▌まずは図解を理解しよう

　教師のファシリテート力を最大限に発揮できるのが「構造型」です。この構造的な板書で対話を整理するためには、「図解」を理解する必要があります。
　図解とは、図で説明することであり、また、図を用いて説明を補うことですが、その基本は「矢印」と「囲み」で書くことです。矢印は「動きを表す」役割であり、囲みは「仲間分けを表す」役割です。

▌板書計画と内容理解を

　板書を構造的にするためには、まずは教師が教材内容をよりきちんと把握しておくことが必要です。これがなされていない状態であると、子どもの意見を聞いたときに「意見の理解」と「黒板のどの位置にその意見を書けばいいのか」が瞬時に判断できません。
　教材の内容把握と板書計画がなされていれば、その心配はないのです。

▌アイデアをどんどん活用していく

　動きを表す役割となる「矢印」と、仲間分けを表す役割となる「囲み」が書けるようになってきたならば、ファシリテートしている教師のアイデアはどんどん膨らんでくることでしょう。そうなったら、思いのまま

にどんどんアレンジをしていきます。

　囲んでいただけのところに、さらに目立たせるためにキャラクターを描いたり、色をつかい分けたりと、いろいろと試してみましょう。

ADVICE！

板書の上手な先生からいいところを真似させてもらいましょう。インターネット上にもさまざまな板書例が紹介されています。

2-6 対話力をアップさせる板書 ❹

左から右

課題解決など未来志向の授業では、左から右！

■「左から右」でポジティブな未来を示す

　横書きするときは、黒板の左から右に書いていくことは言うまでもありませんが、ただ単にそれだけでは、真の意味で「左から右」の黒板スキルをつかいこなしきれていない状態です。それは、「左→右」という本当の効果を知らずして活用しているからです。

　じつは、黒板を左から右に向かって書いていくことで「(ポジティブな)未来」をイメージさせる効果があるのです。

■「座標軸」は左下から右上に

　中学校の数学で学習した「座標軸」を思い出してみてください。縦軸は、中央よりも下がマイナスで上がプラスです。横軸は中央よりも左がマイナスで右がプラスです。ということは、どちらもマイナスなのが左下のスペースで、どちらもプラスなのが右上です。

　つまり、左下から右上に向かうと、プラスへ向かう、未来に向かうイメージを抱かせることができるのです。

■課題を解決していく未来志向の授業に

　私は、とくに道徳科の授業でこの「左から右」の板書法を用いることが多いです。

　道徳科の教科書に掲載されている話は、登場人物が未来に向かってよ

りよくなっていく、もしくは、課題を解決していくようなものが数多くありますが、まさに、この「左から右」が子どもたちの思考（未来を見せるとき）には、ぴったりなのです。

道徳科以外では、国語科の登場人物の心情を探るような授業、社会科の課題を解決していく道筋を示す授業など、たくさんの授業で活用することができます。

TRAINING POINT

☑ 未来に向かって課題解決

ADVICE!

授業で実際に活用するときには、子どもたちの意見を集約する前から、左から右に向かう矢印を示しておくといいでしょう。

2-6 対話力をアップさせる板書 ❺

上から下

何気ない「上から下」への板書の流れは、まさにチャンクダウン！

子どもの思考を意識する

　黒板を上から下に向けて書いていくことは、授業においてごく日常的なことです。とくに横書きで板書する際には、多くの場合がそうでしょう。

　黒板は、子どもたちの「対話の地図」を示す役割があります。教師が、黒板の上から下に向かって書いているとき、子どもたちの思考の動きを念頭に置くことが重要です。

抽象から具体へ

　上から下に向かって書いているときは、どんどんと抽象度が具体に向かっていると言えます。言い換えると、前項の「チャンクダウン」（p.58～59）を繰り返している状態です。

　例えば、算数科の授業では、黒板上部に問題を書き、その下に解き方などを記すことがほとんどです。つまり、問題があり、それをどのようにして解決していくのかというように、どんどんとチャンクが下がっているのです。

今、どれくらいチャンクダウンしているか

　その日の授業で学ぶべきめあてやタイトルなどは、無意識に黒板上部に書いていることがほとんどかと思います。チャンクダウンの効果を

しっかり理解していれば、上から下への板書法で、「どれくらいチャンクダウンしているか」を明確に把握することができます。また、その思考の流れとしてチャンクダウンをより意識させることができるという効果があります。

そして、上部からスタートし、「今、どれくらいチャンクダウンし、子どもたちの思考は具体化できているか」について、実感を得ながら学習を深めていくことができるようになります。

ADVICE!

板書に違和感があるときは、上部に具体的すぎるものを書いているのかもしれません。抽象度を上げたものを書き、修正していきましょう。

2-6 対話力をアップさせる板書 ❻

下から上

下から上に向かって板書スキルの幅が広がる！

▎子どもの対話に合わせる

　板書は、横書きの場合は「上から下」、縦書きの場合は「右から左」が一般的ですので、「下から上」に書いていく板書法はなかなか活用されていないかもしれません。しかし、黒板は、子どもたちの対話に合わせて書かれるべきです。

　したがって、「上から下」または「右から左」に板書していくために子どもたちの対話を合わせていくことは回避しなければなりません。

▎「下から上」はチャンクアップ

　「上から下」の流れで行う板書法は、だんだんと抽象度を下げていくような対話、つまり、チャンクダウンしていく対話で用います。一方、「下から上」はその逆となり、つまり抽象度を上げながらどんどんチャンクアップしていく場面に用いることが適切です。

▎抽象度を高める具体的な場面とは

　抽象度の低いものから高いものへ、「具体→抽象」へと上げていくような対話にはどのようなものがあるでしょうか。

　例えば、理科の学習で、「私たちの身のまわりにある食べ物は、どこから来ているのか？」という学習があります。そのような場面では、黒板の下のほうから私たちが食べている物を書き出し、だんだんともとを

たどっていくイメージで黒板の上部に向かって板書を進めていきます。

　また、社会科の学習でも活用できる場面があります。例えば、スーパーマーケットの見学の後、子どもたちが見たものを仲間分けしながら下に書き、それらの抽象度を上げていきながらまとめます。一番上には「売り上げup」などの言葉でまとめ、すべてのことは１つの目的に向かっていることを示すことができます。

ADVICE!

抽象度が対話の中でなかなか上がらないときは、「そもそも〜」「もともと〜」という言葉を冒頭に付けて質問をしていくと抽象度が上がります。

対話力をアップさせる板書 ❼

中心から外

意欲的に意見を出させたいときは、中心から外へが効果抜群！

▎「中心から外」に書くとは

　「中心から外」に向かって書いていく板書法は、対話する内容をどんどん広げていくことを表します。

　例えば、中心に「水溶液とは」と書き出し、その周りに思いつくものをどんどんと書き込んでいくと、子どもたちは発散されるイメージを抱きやすく、また、「何を言ってもいいんだ」という積極的な思考になり、自然と意見を出しやすい状態になっていきます。

▎意見がどんどん引き出される

　とにかくどんどん意見を出させたいという場合に、この「中心から外」が最適です。とくに授業や単元の導入時に用いることがおすすめですが、子どもたちからたくさんの意見を引き出し、その後の学習活動へとつなげていく際に非常に適しています。

　子どもたちの意見をもとに学習を積み上げるのと、教師側から機械的に提示するのとでは、子どもの意欲がまるで違います。

▎思考ツールと組み合わせて効果的に

　「中心から外」の板書法でおなじみの思考ツールに、「ウェビングマップ」があります。「ウェビングマップ」はそれぞれの言葉が線でつながれるので、子どももより次の思考に向かいやすく、明確化してくるので、

次の方向性が見出しやすいと言えるでしょう。

　また、さらにその上の思考ツールとしてトニー・ブザンが提唱した「マインドマップ」があります。「マインドマップ」は、自分の考えを中心から放射状に思考を広げていく放射思考に基づいて整理していく表現方法ですが、多くの色をつかい、鮮やかに整理されていくことに子どもたちも驚くでしょう。

TRAINING POINT

☑ 中心から外で対話を広げる

ADVICE!

「ウェビングマップ」「マインドマップ」は、インターネット上にさまざまな事例があり、板書に効果的なヒントが満載です。

対話力をアップさせる板書 ❽

外から中心

本質的な問いでは、周りからじわじわ真ん中に迫って書く！

あらゆる意見から本質を考えるときに

黒板の「外から中心」に書いていく方法は、例えば、「〇〇とは何か？」というような本質的な問いを思考するときに向いています。周りから書き出す項目は、無作為（その場で子どもたちからどのようなものが出るか）というものでもいいですし、あらかじめ決められている項目でも構いません。

あらゆる意見からどんどん本質に向かっていく授業に最適です。

多くの情報から本質的な問いを考える

例えば、社会科で戦国時代のまとめをする際に、「信長、秀吉、家康のうち、もっとも優れた武将は誰だと思うか？」という学習活動を、黒板の「外から中心」を使って行うことができます。

3人の武将に関する情報を黒板の周りからだんだんと中心に向かって書いていき、たくさんの意見が出された頃に「優れた武将に必要なこととは？」と本質的な問いを出していくのです。

子どもたちの考えたことが中心に書かれる

まず、「優れた武将にとって必要なこととは？」と発問し、黒板の中心にその問いを書き出します。そして、それに対する子どもたちの意見を中央に向けて書き出していくのです。

そうすると、授業の最後には、子どもたちが、3人の武将から考えたことが真ん中へと集まり、それから考えたことが黒板の中心に書かれることになるのです。
　最後に「優れた武将の条件とはなんでしょうか？」などと発問することで、黒板の意見をもとに、子どもたちが学習のまとめに取り組むことができます。

TRAINING POINT

☑ 中心に向かって本質に迫る

ADVICE！

この「外から中心」は、最後に本質的な問いを考えることが目的であるため、意見が出にくく、そうしたときは時間をかけて考えを書かせましょう。

COLUMN 2
グッド＆ニュース
──24H以内のプチハッピー

　「グッド＆ニュース──24H以内のプチハッピー」は、本書の監修者である吉田忍さんが、講座の導入時のアイスブレイクで行うことの多いワークです。簡単に行うことができるにもかかわらず、グループのつながりや会場の雰囲気がとてもよくなり、私もクラスの中で取り組ませてもらっています。手順は以下のように行います。

①**グループで輪をつくる**
②**24時間以内にあったプチハッピーを発表し合うことを伝える**
　＊プチハッピーとは、「昨日ぐっすり眠れました」「放課後、遊んだことが楽しかったです」「晩ごはんのメニューが好きなおかずでした」「今朝、スッキリと起きることができました」「朝、食べたパンがおいしかったです」など、小さなハッピーのことを言います。
③**発表が終わった後は、拍手をすることを約束にする**
④**始めの人を決める（その後は、時計回りで行うなど）**
⑤**時間〇分（2〜3分）または1人が言う回数（1〜3回）を伝える**
　＊応用として「夏休みにあった」「土日にあった」など、状況によって変化させることもできる。

　これだけのワークですが、大いに盛り上がり、子どもたちが一気に笑顔になっていきます。
　なぜ、このワークは子どもたちが笑顔になれるのでしょうか。以下に、そのポイントを書いてみましょう。

- 「プチ」ハッピーなので、子どもたちが答えやすい。これが「ハッピーを伝える」となると、特別なこと（「誕生日プレゼントをもらえました」など）を言わなくてはいけないような雰囲気になりますが、「プチ」という言葉が答えやすくしている
- 「24H以内」ということ。制限があるので、ある一定の枠の中で探そうとすることができる
- 自分の身近なプチハッピーを見つける行為自体が、心を明るくする。日常には、プチハッピーがあふれかえっていることに気が付くことができる

手軽にできるワークです。ぜひ、取り組んでみてください。

Chapter 3

クラス全員で楽しく取り組む！対話の基本

本章では、子ども同士の対話が
ぐんと深まるスキルを紹介します。
これで、あなたのクラスにも
対話名人が続出することでしょう。

ペアトーク

ペアトークを駆使することで授業の雰囲気を一新！

効果があるからこそ

　「ペアトーク」を授業に取り入れている先生が、急激に増えてきています。新しい指導要領で謳われている「主体的・対話的で深い学び」の流れもあることと思いますが、広がっている一番の要因は、クラス内における効果が絶大であるからだと思います。
　私自身もペアトークを取り入れた当初から、確実に手応えを感じました。どの子も無理なく発言ができ、クラスの雰囲気もあたたかくなるからです。

導入期に有効なペアトーク

　ペアトークのよさには多くの点があります。「どの子も発言できる」「クラスの雰囲気がよくなる」のはもちろん、座席を男女席にしていれば「男女の仲がよくなる」ということもありますし、「発表」「相談」など多彩な活動にも効果的に対応できます。
　本書では対話の３段階として「発表」・「質問」・「反対」としていますが、その導入期にはペアトークで行うことがとても有効です。

さまざまなパターンでペアトーク

　ペアトークでは、いくつかのパターンをもって、それを場面に合わせてつかい分けていくことがより効果を引き出します。

私自身は、主に３つのパターン「**①隣の人と、②前後の人と、③斜めの人と**」をつかい分けています。例えば、子どもたちに「じゃあ、Bの人と話しましょう」と言うと、子どもたちはサッと半分の子が後ろを向いてペアトークをスタートさせます。

　また、自由にペアをつくらせるときもありますが、その際は、「**①好きな人と、②普段あまり話さない人と、③男女で**」など条件を付けるようにしています。

TRAINING POINT

☑ **対話指導の初期段階でフル活用**

ADVICE!

ペアトークでどちらも黙ってしまう状況があります。そうしたときは、「よろしくお願いします」と挨拶させることから始めましょう。

グループトーク

小集団での話し合いも定着させて、クラスの対話力を底上げする!

クラスに浸透させる

　ペアトーク同様に駆使したいのが「グループトーク」です。通常4〜6人組で対話を行っていきますが、その中で「発表」「相談」「議論」の3つの活動を中心にさまざまな活動を行うことができます。クラス全体の話し合いではなく、小集団の話し合いであるため、発表や質問、練り上げを効率よく進めていくことができます。子どもたちが主体的に学習に取り組める手法の1つですので、ぜひクラスの中に浸透させて、グループトークのレベルを引き上げていきましょう。

効果を考える

　話し合い活動というと、クラス全体を連想される場合が多いかもしれませんが、いつも全体で話し合うことが効果的であるとは言えません。もちろん、全体で話し合う効果もありますが、一方では「時間がかかる」「発言者が限られる」「緊張しやすい」などのマイナス要素もあります。
　その点、グループトークであれば、それらの点は解消されます。多くの子どもに考えさせたいのか、クラス全体で共有したいのかなど、それぞれふさわしい場面で活動を仕組めることが一番です。

話し合いの段階を考える

　私は、「**ペアトーク→グループトーク→全体での話し合い**」という流

れをよくとります。この流れが、もっともクラスの雰囲気を高めやすく、子どもたちを無理なく全体での話し合いに移行させることができるからです。また、グループトークを行った後、全体での話し合いを行わないこともしばしばです。「授業では全員の共通理解が必ず必要」という前提を取り払えば、こうした活動も取り組めるようになります。

　まだペアトークに慣れていない子がいるときには、教師が個別支援していくようにします（慣れない子が多くいるときには、ペアで話しやすい子同士からスタートさせるといいです）。また、3人の場合は、そのまま3人でもいいですし、教師が相手になってもいいでしょう。

TRAINING POINT

☑「発表」「相談」「議論」で活性化

この問題は〜なので〜のような式になります

なぜそのような式になるの？

ADVICE!

話し合いがうまくできているグループの様子を、見本としてクラス全体に見せてあげましょう。そうしてイメージをつかませるようにします。

3-3 ワールドカフェ

クラス全体の話し合いでアイデアがあふれ出すワールドカフェ！

ワールドカフェとは

「ワールドカフェ」は、メンバー構成を入れ替えることにより、より気付きを得られやすい状態にする方法のことを言います。

手順としては、まず共通の問いを設定し、グループで話し合いをします。そして、設定した時間が経過したら、そのグループに1人（2人になっても実施は可能）を残し、グループのメンバーを入れ替えるのです。

新たなメンバーだからこそ得られる気付き

グループのメンバーを再構成したら、同じ問いで話し合いを続けます。そのとき、もともとその場にいた人は、そのグループではどのような話し合いをしていたかを伝えてから新しいメンバーで話し合いを行うようにします。

したがって、グループの席には模造紙など記録用の用紙があると望ましいでしょう（子どものノートで代用できるのであれば、それでも構いません）。そうして、新たなメンバーで対話をするのです。

全員が話したくなる「問い」を用意する

ここまでの流れを何度か繰り返した後に、話し合いの最後として、そのグループにずっと残っていた人がその場ではどのような話し合いが行われたのかを発表し、アイデアを全体に共有します。これがワールドカ

フェです。

　子どもたちは何度も席を変えていくので、教室の空気は活気づき、とても勢いが出ます。ワールドカフェの成功の秘訣は「問い」です。教材研究の際、子どもたちが「話したくなるか」を考えて問いをつくります（「選挙の投票率を上げるには、どうするといいか？」など）。

　全員が話したくなる問いを準備するようにしましょう。

ADVICE!

「誰がどこのグループに行くのか？」ということがあいまいなままでは、うまく活動が進みません。指示は教師がしっかり出しましょう。

3-4 フリートーク

自由に立ち歩けるフリートーク導入で授業がよりダイナミックに！

フリートークとは

「フリートーク」という言葉を、授業などにおいて「自由に立ち歩いて対話をする方法」という意味で私は使用しています。ペアトーク、グループトークに慣れた子どもたちであれば、ぜひフリートークの時間を取り入れてみましょう。

はじめ、子どもたちは「自分の安心する相手」と話をする傾向が強いですが、何度も繰り返しているうちに、自然に対話をする相手が広がります。継続して取り組んでみましょう。

「時間」「人数」を条件付ける

フリートークを行う際は、「時間」や「人数」に条件を付けて行うことがほとんどです。例えば、「〇分間、できるだけたくさんの人と話してみましょう」「〇人と話したら席に着きましょう」という具合です。

条件を付けることで、子どもたちの目標や動きが明確になり、教室中の空気がとても前向きになっていくことを感じることでしょう。

慣れてきたら次のステップへ

子どもたちがフリートークに慣れてきたら、さらに次のような条件を出すといいでしょう。それは、「男女でやりましょう」「普段話をしていないと思う人とやりましょう」というものです。こうすると、対話をす

る人の幅を広げることができます。
　また、「相手の発表を聞いた感想を伝えましょう」「対話の途中に質問を入れてみましょう」などとすると、教室のあちこちで議論が始まる状態へと変わっていきます。

TRAINING POINT

☑ 条件付けで目標や動きを明確化

ADVICE!

「フリートークをした後に、相手からサインをもらいましょう」と指示すると、さらに雰囲気が明るくなります。確認も取れておすすめです。

セルフトーク

自分自身との対話の意識化で、思考の質はぐんぐん上がる！

セルフトークも大切な対話

　対話というと、2人以上で行うイメージがありますが、1人で行う「セルフトーク」もあります。つまり自分自身との対話で、これがとても大切です。「自己内対話」とも呼ばれますが、じつは子どもであってもあらゆる場面でセルフトークをしています。

　自分の意見や感想、作文などを書いているとき、また、何かに取り組んでいるときの心のつぶやきなど、1日のあらゆる場面で自己内対話は実施されているのです。

脳は「問い」を避けられない

　「問い」によって思考は方向付けられます。つまり、優れた問いによって、セルフトークの内容が変わってくるのです。そして、脳はこの問いを避けることができません。

　「1日の中でつまらなかったことは何？」と問えば、それを探そうとしますし、「今日、1日の中でうれしかったことは何？」と問えば、1日の中でうれしかったことを探していくものなのです。

子どもたちのセルフトークを探る

　教師が発問をしたとき、何か活動をさせているとき、説明をしているとき、子どもたちは脳の中で何を対話しているのか想像してみましょ

う。もちろん、クラス全員の脳内を把握することなど不可能です。

　しかし、それでも「何を思っているのだろう？」と探ることが大切なのです。その努力をしなければ、子どもたちへ意識を向けているとは言えません。

　意識をするからこそ、教師が多くのことに気が付き、良い発問が生まれて、子どものセルフトークの質を高めることへとつながっていくのです。

TRAINING POINT

☑「問い」で引き出す自己内対話

ADVICE!

活動前に、セルフトークさせる内容を考えておきましょう。その積み重ねが良い問いをつくり出すカギとなります。

3-6 パブリックトーク❶

挙手制

クラス全体での意見交流でもっとも用いられる挙手制！

「パブリックトーク」とは

　本書でいう「パブリックトーク」とは、全体の場での交流という意味です。つまり、教師およびクラス全員の前で意見を言う場面をイメージしていただければと思います。

　多くの教室では、このパブリックトークで授業展開していく時間が一番多いのではないでしょうか。歴史的に見ても、学制発布の頃からこのような形式がとられており、教育現場においてもっともなじみのある方法と言えます。

挙手制だけでは危険

　そのパブリックトークの中でももっとも一般的に用いられているのが「挙手制」です。教師が問いかけ、発言したい子どもが手を挙げ、指名されたら答えるという流れです。

　しかし、この方法だけに頼って授業を進めていくことはたいへん危険です。分かる子や意欲のある子だけで授業が進んでいってしまい、全員参加という授業の最低限の保障がなされなくなってしまうのです。

難問のときこそつかってみる

　場面を考えて扱うことが基本ですが、例えば、授業の中でもやや難しい問題を扱うとき、うまく挑発して挙手させるようにすると、子どもた

ちは意欲的になって手が挙がります。子どもたちは、少し高いハードルに出合ったときに「乗り越えたい」という気持ちをもつからです。

 しかし、子どもたちはとても難しいと思ってしまった問題や、どう答えていいか分からない問題では、クラスの大半が「分からない」と感じ、そうした空気が広がります。そうなると、子どもたちに挙手を求めても「手を挙げよう」という意欲につながりにくく、効果はあまり期待できないでしょう。

TRAINING POINT

☑ 難問で意欲を引き出す

（難しい問題だよ。なぜ西郷隆盛は西南戦争を起こしたのでしょうか？）

ADVICE!

ノートに自分の考えを書かせてから挙手させたり、ペアトークやグループトークをしてから挙手させたりすると、子どもも安心して挙手できます。

3-6 パブリックトーク❷

指名制：ランダム

「今日は何日だから○○さん」というランダム制の指名も効果絶大！

うまくつかうことで

　授業中の指名をランダムに行う機会は、非常に多いのではないでしょうか。「今日は20日だから、20番の人どうぞ」をはじめ、くじ引きで指名したり、「先生と目が合ったから」などととくに根拠もなく指名することもあるはずです。つまり、それが「ランダム」に行う指名ですが、この方法もうまくつかうことで対話における効果をより一層高めることができます。

クラス全体の発言力を高める

　ランダムに指名するよさとはなんでしょうか。それは、「誰が当たるか分からない」ということです。つまり「誰もが発言する機会を得る可能性がある」という緊張感が教室中に流れます。そうすると、「自分も発言できるようにしておかないと」と子ども1人ひとりに意識化することができるのです。
　実際、ランダムに指名されることで、発言する力は高められ、クラス全体の発言力が底上げされていきます。

学ぶ楽しさや意欲も高まる

　ランダムに指名するときに「くじ引き」をつかうと、さらに思わぬ効果が得られます。前述の通り、クラス全員の発言力を鍛えることができ

るとともに、「誰が当たるんだろう？」というわくわく感を演出することができます。良い授業（クラス）には、良い緊張とともに良い笑いがあります。子どもたちがふと笑顔になるきっかけをくじ引きがつくり出してくれます。緊張と緩和のバランスが大切なのです。

　良い緊張と緩和が生み出された授業では、子どもたちの学習意欲はどんどん育っていきます。

TRAINING POINT

☑ 良い緊張感で発言力を底上げ

ADVICE!

「くじ引き」は、導入時は教師がくじを引くほうがいいですが、だんだんと慣れてきたら、子どもたちに引かせてみましょう。

3-6 パブリックトーク ❸

指名制：列指名

短時間で数名指名できる列指名。子どもも負担なく取り組める！

▌列指名とは

「列指名」とは、その名の通り「○○さんの列、立ちましょう」などと言って、順番に指名することです。もちろん、列全体でなくても、「○○さんから○○さんまで立ちましょう」というようにしてもいいです。また、子どもたちを起立させて待たせなくても構いません。

指名に飽きさせないという点では、縦の列だけではなく、横の列を利用しても効果的です。

▌話し手にも聞き手にも見通しが立つ

列指名のいいところとはなんでしょう。それは、なんと言っても「誰が当たるか分かる状態を瞬時につくることができる」ということです。

まず、発言する子にとって、「これから自分が当たる」という見通しをもてることは、心理的にも良い方向に向かいます。それは、聞き手である子どもたちも同様です。

「次は○○さんが発言する」「あと○人発言する」という見通しがあると、人の話が聞きやすくなるものです。

▌さまざまなバリエーションを

列指名においてもバリエーションを多くもっておくと、子どもたちも飽きずに授業を受けることができます。縦横はもちろん、斜めに指名す

るという手もあります。

　ある列を指定した後、それから、1つずつ飛ばして指名していってもいいでしょう。さらには、いつも前から指名するのではなく、後ろの子どもから指名していくのもおすすめです。

TRAINING POINT

☑ **落ち着いた対話は心の準備から**

ADVICE!

落ち着かない子どもは、立って待つことに苦痛を感じていることがあります。そうした場合は、無理せずに座らせて発言を待たせましょう。

3-6 パブリックトーク ❹

指名制：班指名

クラスで編成している班を、指名にもフル活用！

班をもっと有効活用しよう

　クラスで編成している班。これを指名に活用しない手はありません。班は小さな集団と言えます。小集団である班をしっかり役立てることで、指名に大きな効果をもたらすことができるのです。班の中でより優れた意見を抽出したり、偶発性をもたせたりすることもできます。

　しかし、残念ながら、班指名をうまく活用できている事例は少ないようです。ぜひ、班での指名をうまく活用できるようにしましょう。

班指名でのメリット①偶発性を活用する

　班指名で一番簡単なのは、偶発性をもたせることです。私のクラスでは4人班を基本としていますが、その班の中で番号を決めています。

　班の中で、右前に座っている人は1番、その隣の人は2番、右後ろの人は3番、その隣の人が4番という具合です。そして、「班の2番の人立ちましょう」と言うと2番の人が全員立ち上がり、即発表へとつなげることができます。8班あれば、一気に8人の指名が可能です。

班指名でのメリット②優れた意見の抽出

　単に偶発性をもたせるだけではなく、班の中にある優れた意見を抽出していくこともできます。

　まずは、個人で課題に対しての意見を考えさせ、その後、班での時間

をとって、どの意見が優れているかを話し合わせるのです。そして、班でまとまった意見を班長などに発表させれば、比較的優れた意見が共有されることになります。

班での話し合いのスキルが高まる上に、効率化にもつながります。

TRAINING POINT

☑ 個々の意見がステップアップ

ADVICE!

班での話し合いがうまくいかない場合は、Chapter 5-5「手順の可視化」（p.132～133）をお読みいただき、子どもたちへ指導してみましょう。

パブリックトーク ❺

指名制：相互指名

相互指名の導入で、クラスに、学びに、大きな変化が！

相互指名とは

「相互指名」とは、「子どもたち同士で指名を行う」指名方法のことです。例えば、ある子が発言を終えた後に、次の子を指名します。指名された子は発言をし、また次の子を指名します。

つまり、教師が指名権を子どもに譲り渡すのです。そうすることで、思わぬ効果が生まれます。

教師の余裕を生み出す

相互指名を導入することによって、教師に子どもを指名する負担がなくなります。すると、教師はじっくり子どもたちの様子を見たり、次の授業展開を考えたり、板書に集中することができたりするのです。

ただ単に教師が指名しないだけのことのように思われるかもしれませんが、これによって大きな余裕が生まれ、授業の深まりが格段に違ってきます。

この余裕の大きさの重要性ははかりしれません。

子どものやる気をどんどん引き出す

もちろん、相互指名に限ったことではありませんが、教師のもつ権利（相互指名では「指名する」という権利）を子どもたちに譲り渡していくことで、子どもの学習意欲や能動的な行動を引き出すことができます。

Chapter 2で「リード」・「サポート」・「バックアップ」を紹介しましたが (p.46)、教師から指名（リード）→相互指名（サポート）→指名せずに子どもたちだけで発言していく指名なし発言（バックアップ）というように、教師の主導から徐々に子どもが自治的に進めていく学習へと変化させることができるようになります。

TRAINING POINT

☑ 教師の余裕と子どもの自治力

「私の意見は〜です。理由は〜だからです。次は○○さん、お願いします」

相互指名はこちらの余裕が生まれるし、何よりも子どもたちのやる気を引き出せるな〜

ADVICE！

初期段階では、指名しても無理なく発言できる子を指名させるように誘導し、慣れてきたら、「男子は女子を指名する」などと制限をかけてみましょう。

3-6 パブリックトーク ❻

つぶやき制

子どものつぶやきが授業を活性化し、展開力を促進！

▌子どもたちのつぶやきをどう扱うか

　授業中、挙手もせずに「それって……」などと急につぶやくように発言をする子どもがいます。そんなとき、「授業中に勝手に話してはいけません」と制していないでしょうか。あるいは、「今は先生が話しているから、後にしてね」と後回しにしてはいないでしょうか。
　ここで大切になってくるのが、こうしたつぶやきを無下にせず、授業を活気づかせるチャンスとして扱えるかどうかということです。ぜひとも、その子のつぶやきを「意見」として取り上げ、授業に巻き込んでいってください。

▌積極的に耳を傾ける

　急につぶやいた子どもの意見は、じつは本質をついている場合が多いものです。また、その子のつぶやいたことは、ほかの子も同じように考え、言い出せないでいたというようなこともあります。
　真剣な授業の中でのつぶやきは、授業の深化に大きく活かせる可能性を秘めています。常に子どもの言葉に耳を傾け、学びの質を上げていきましょう。

▌意図的に取り入れる

　「つぶやき制」として意図的に取り入れることもおすすめです。

例えば、社会科の導入時に資料を見せることがありますが、そのときに「気が付いたことをどんどんつぶやいてみよう」と言えば、子どもたちからかなりの数の意見が引き出せるのです。それも短時間で行うことができます。

　そして、その中から教師が次の展開につながる意見を拾い出せば、授業の流れに子どもをしっかり引きつけながら学習を進めることができるのです。

TRAINING POINT

☑ つぶやきこそが授業の宝

この写真を見て、気が付いたことをどんどんつぶやいてみよう！

よし、次の展開に生かせるぞ！

レンガ造りの家がある！

馬に乗ってる！

洋服を着ている！

ADVICE!

うまくつぶやけないのは、まだクラス全体で声を発することに不安な気持ちがある証拠。先にペアトークなどを取り入れてみましょう。

COLUMN 3 「せーの！」と「いいね！」

クラスの中で「せーの！」と「いいね！」を、ぜひ、取り入れてみてください。簡単なワークですが、効果は絶大です。

やり方は次の通りです。

①誰かが発表を行った後、拍手をする
②教師の「せーの！」の合図で、みんなで発表した子に向かって「いいね!!」と言う。その際に、両手の親指を立て「グッド」のジェスチャーを送る

たったこれだけのワークですが、教室の雰囲気は一気に前向きに変わります。みんなが笑顔になりますし、このワークを受けた子どももとてもうれしそうな表情をします。

こうした前向きな言葉やジェスチャーのことを、心理学の言葉で「ストローク」と言います。このワークは、いとも簡単にストロークを送ることができるのです。

ストロークとは「心に必要な栄養」のことです。また、「存在を認めること」とも言われます。

私たちは、心の中にストロークをためています。そして、そのストロークは、周囲からの言葉や状況などによってプラスとマイナスが常に入れ替わっています。前向きな言葉や現象があれば、私たちの心にプラスのストロークがたまっていきますし、後ろ向きな言葉や現象があれば、マイナスのストロークがたまっていきます。

プラスのストロークがどんどん心にたまっていけば、自分の状態はとてもよくなります。そして、気持ちの状態がよくなれば、パフォーマンスは自然に上がります。その逆になれば……もう想像はつきますよね。

「せーの！」「いいね！」は、ストロークを一瞬にしてプラスにしてしまう効果があります。高学年など、このワークが不向きな雰囲気のときには、無理にはおすすめはできませんが、ぜひ一度取り入れてみてください。

Chapter 4

対話の質を左右する！座席配置のポイント

良質な対話を生み出すには、

子どもたちが対話しやすい座席が必要です。

子どもたちの対話を活性化していくための

座席配置を整えていきましょう。

4-1 一斉型❶

机あり

机配置の基本型である一斉型配置の効果と役割を活かしきる！

学校現場でもっとも用いられている机配置

　一斉型は、従来から、また、もっとも多く用いられている机配置と言っても過言ではないでしょう。そして、今後も、教育のかたちが変わっていこうとも、このことは崩れそうにありません。つまり、それだけ馴染みもあり効果もあるということなのです。
　ここで改めて「一斉型」の役割と効果を確認し、授業の中でしっかり機能させていきましょう。

机配置の基本型

　一斉型の一番大きな効果は、「情報が素早く全員に伝わる」ということです。全員が身体を前に向け、教師をはじめ発表している子どもの声を一番聞きやすいと感じるのはこの机配置となります。そして、この机配置を基本型としてさまざまに変形させていきます。
　まずはクラスの子どもたちをこの基本型でスムーズに学習できる状態に育ててから、さまざまな机配置で学習することをおすすめします。

学習の基本は「人の話をきちんと聞く」

　なぜ、この一斉型の机配置で落ち着いて学習できている状態がつくれていないと、ほかの机配置に取り組むことができないのか。それは、学校における教育の基本であり学習の出発が、「人の話をきちんと聞く」

ということになるからです。その基本をないがしろにして、ただやみくもにさまざまな学習形態に飛びついたところで、期待する効果を得ることはできません。

そして、何より、基本が身についた状態で学習することを、子どもたち自身も望んでいるのです。

TRAINING POINT

☑ 落ち着いた学習環境は基本から

ADVICE!

クラスがスタートして間もない頃は、「○○さんの意見が聞こえる状態をつくろう」など注目させるための声を発し、聞く姿勢を身につけさせます。

4-1 一斉型 ❷

机なし・椅子なし

基本の一斉型から机や椅子を取ることで、さまざまな心的効果が！

▌机や椅子をなくしてみると

　超基本型の一斉型配置から机や椅子を取り払うというちょっとした工夫だけで、机配置にまったく異なる役割や効果をもたらすことができます。

　ここでは、机だけをなくしてしまう方法と、机も椅子もなくしてしまう方法との2つを一気に紹介しましょう。

▌机をなくしたときの効果

　まずは一斉型配置で机だけをなくすと、どのような効果が得られるのかを考えてみましょう。子どもたちの目の前にある机を取り除いてしまうだけですが、一気に子どもたちはクラスに一体感を感じられるようになります。

　これは、机という「壁」が取り払われる効果によるもので、例えば、絵本の読み聞かせなどみんなで1つのことをじっくり味わう場面などにおいて、このかたちが有効になります。

▌椅子まで取り払ったときの効果は

　机だけではなく椅子も一緒に取り払ってしまうと、子どもたちはさらに周囲と心理的距離が近くなったことを感じやすくなります。

　みんな一緒に教室の床に座っているというだけで、その効果ははかり

しれません。とくに教師が大事な話をするときや子どもたちが発表をするときなどには有効です。より心を通わせて対話をすることができるでしょう。

ただし、黒板の上部に書かれたものを見たり、教師が立って話をしたときに聞き取りにくかったりするというデメリットもありますので、その点には注意しましょう。

ADVICE!

机や椅子の移動による激しい音とともに子どもの気が緩んでしまうことがあります。そのことを念頭に置き、注意して指導にあたりましょう。

議論・ディベート型

国語科や社会科で行う議論やディベートにも適した机配置！

意見をぶつける机配置

　私が授業の中で実践している「議論・ディベート型」の机配置とは、教室を真ん中から2つに分けて机を向かい合わせる方法を言います。こうすることで、「これから2つの意見をぶつけていくんだ」ということを机配置を通して感じさせながら学習すべきことを伝えることができるのです。
　子どもたちも、机を動かすだけでその雰囲気を瞬時に感じ取ります。

二項対立型で行う

　議論・ディベート型で大切なのは、二項対立型（賛成か反対か、A案かB案か）というはっきりとしたかたちで学習を進めることです。そうでないと、子どもたちは何と何をぶつけて話を進めればいいのかが分かりません。
　いくら机配置で「これから議論を進めていくんだ」と思わせても、議題が分からなければ、議論することはできません。話の内容もきちんとおさえておく必要があります。
　国語科であれば、「第1場面のごんはいたずらぎつねか、極悪ぎつねか？」（国語科授業名人の野口芳宏先生の発問）、社会科であれば、「大仏づくりで世の中はよくなったか？」などのテーマで行うことがあります。

なんのために議論やディベートをするのか

　議論やディベートをするときに気を付けなければいけないことがあります。それは、「なんのために議論・ディベートをするのか」という目的意識をしっかり理解させるということです。これが抜けてしまっていては、ただ盛り上がって終わりということになってしまいます。

　議論やディベートの目的は、二項をぶつけることで、異なる見方や考えを知ったり、新たな見方や考え方に気付いたりすることです。その都度、子どもたちと確認をしていきましょう。

ADVICE!

「Aの立場の人が意見を言う」→「Bの立場の人が意見を言う」→「AからBへ相手の立場に質問や反対意見を言う」という流れをつくりましょう。

コの字型

一斉型から少し机を動かすだけの「コの字型」は話し合いに最適！

2種類のコの字型

「コの字型」の机配置は2種類あります。まずは、教室の真ん中に大きな空間を空ける、コの字型にする方法です。もう1つは、教室の前方半分の子どもだけが、教室の真ん中を境にして机を向かい合わせるという方法です。

私は、教室の真ん中に大きな空間を空けてつくるコの字型を道徳科の時間でよく用います。また、後者は社会科の学習を始め、1つの発問で話し合う場面を中心にその他さまざまな教科で用いています。

子どもたち同士で表情を見ることができる

なぜ、道徳科の授業において、教室の真ん中に大きな空間を空けるコの字型配置を用いているかというと、子どもたち同士がお互いに表情を見ながら学習を進めることができるからです。道徳科では、1人ひとりが思いを語る時間があります。そうしたときに適した机配置がこのかたちなのです。

また、教師も子どもの近くに寄りやすいため、心理的距離が縮まる効果もあります。

話し合いもしやすく黒板も見やすい

もう1つのコの字型のメリットは、話し合いがしやすいかたちであ

ると同時に、板書された内容も見やすいことです。子どもたちは、黒板に書かれた意見を頼りにしながら話し合いを進めることができます。

　黒板を活用しつつ、話し合いも円滑に進められる一挙両得の配置。授業途中で、机配置を一斉型からコの字型にするときには空間なしを、また、1時間じっくりコの字型で学習するときには空間ありをなど、2種類を教科や状況によってうまくつかい分けていきましょう。

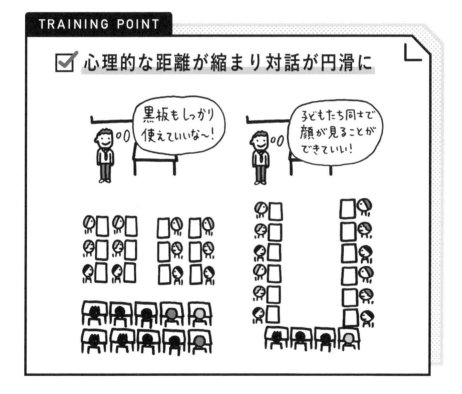

ADVICE!

机の移動で位置が乱雑になってしまうことがあります。そのような場合、まずは机の位置を整えてから授業を開始しましょう。

4-4 ロの字型

職員会議などで定番のロの字型は、フォーマルな話し合いに効果大！

会議室でおなじみのロの字型机配置

「ロの字型」の机配置と聞いて、一番に思い浮かぶのは、私たち教師が話し合いを進めている会議室でしょう。民間企業などでも、会議室はロの字型になっている部屋が多いのではないでしょうか。

そのロの字型も、活用の仕方によって授業の対話を大いに高めていきます。ただし教室によっては、空間的に狭くてできないこともありますので、その場合はいくつかに分けてつくるようにしましょう。

きちっとした話し合い活動に向いているロの字

ある程度きちっとしたかたちで話し合い活動を進めるとき、ロの字型での取り組みが大きな効果をもたらします。とくに、子どもたちに司会（議長）役や書記役、さらにはタイムキーパーを任せるなどするときにはたいへん適しています。

その際、話し合い活動の流れ（国語科の単元にも設定されています）を細かに設定しておくことが必須です。

空間が心理的距離を適切にする

ロの字型の特徴は、真ん中に空間があることです。これにより、全員の表情は見えるけれど、空間と机によって、参加者同士の心理的距離をある程度置くことができます。だからこそ、役割や進行などの形式をと

る話し合い活動とロの字型配置がマッチングするのです。

　空間をなくして机をピッタリ付けてしまうと、心理的距離は縮まります。学習内容やクラスの状況を考えて適宜調整していきましょう。

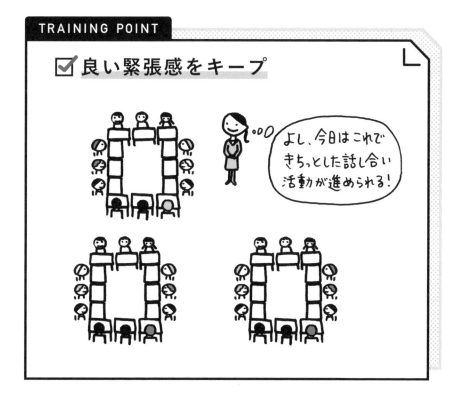

TRAINING POINT

☑ 良い緊張感をキープ

ADVICE!

子どもの司会では、うまくいかないことがあります。司会役の子は事前に呼び出し、司会者としてのポイントを指導しておきましょう。

同心円型

機能の仕方で話し合い活動のレベルの高まりが実感できる同心円型！

「同心円型」とは

　「同心円型」の机配置は、机を教室の中央に向け、クラス全員が教室中央に向くスタイルです。つまり、教室の前方にいる子は、机を180度回転させることになります。
　このかたちは、子ども同士が意見を聞き合って学習することに重点を置いて行いたいときにつかうといいでしょう。感想を発表し合ったり、意見を言い合ったりするのに向いています。

「同心円型」の効果

　例えば、国語科では、物語文の学習でそれぞれの場面でどのようなことを感じたり考えたりするのかということを「交流」する場面に向いています。事実を話すというよりも、子ども１人ひとりがどのように感じたかを話していくことに向いていると言えます。
　事実を話すときには、話し合いの結果（正しいか正しくないかなど）を求める傾向がありますが、それぞれが感じたことを話すときには、結果ではなく、最終的にそれぞれが何を考えたのかを大切にすることができます。

デメリットを知っておく

　同心円型の机配置にはデメリットもあります。それは、黒板が使いに

くいということです。

　教室前方の子どもたちは、机を180度回転させるわけですから、黒板に対して完全に背を向ける状態になります。話し合いのサポートとして、教師は黒板に話し合いの内容を可視化することもありますが、見えにくい子どもがいることを心得ておきましょう。

　子どもたちには、話し合いで出てきた意見をノートに自分でメモするように指導しましょう。

TRAINING POINT

☑ 意見や感想の交流場面で導入

ADVICE!

同心円にギュッと集まりすぎて起立できない子が出てきます。外側の子に広がってもらうなど、机配置をうまく調整する配慮が必要です。

4-6 サークル型 ❶

椅子あり

椅子だけでサークル型になると、それだけでクラスが1つになれる！

▍クラスが1つになって

　クラスの机をすべて教室の後方や隅に押しやり、教室の中央にぐるっと椅子だけでサークルをつくります。こうすることで、子どもたち同士の表情がすっきり見わたせるようになり、クラスが一体感をもって話し合い活動ができる体制となります。

　主に学級活動などで効果を発揮する配置と言えるでしょう。

▍どんな子でも参加しやすいかたち

　サークル型にすることで、子どもたちはより心理的距離を近づけて親密なかたちで活動を行うことができるようになります。また、小さな声でも全員に声が行き届くので、どんな子でも話し合いに参加しやすいことも特徴です。

　大切なことをクラスで話し合うときや、クラスでの課題を全体で話し合って解決したいときなどに最適です。

▍目的やクラスの状態に合わせて立ち位置を変える

　サークル型では教師の立ち位置も大切です。子どもたちと一緒になって課題を解決したいときや、子どもたちとより信頼関係を築きたいと思う時期（4月など）では、教師もサークルの中に入って話し合い活動に参加するといいでしょう。

また、子どもたちに話し合いのルールを教えたいときや、話し合いそのものを任せたい時期では、教師はサークルからはずれ、あえて子どもたちと視点をずらして指導することをおすすめします。そうすることで、より子どもたちの様子を詳しく見ることができます。
　表情やしぐさなどはもちろん、誰がよく発言するか、発言の順番はどうか、よく聞く子は誰かなど、観察してみましょう。

TRAINING POINT

☑ 親密感を引き出してクラスを一体化

ADVICE!

心理的距離が近付くことで、子どもは安心しすぎて課題とは違う方向へ気持ちを向けてしまうことがあります。気を付けましょう。

4-6 サークル型 ❷

椅子なし

サークル型でも椅子なしだと、パッと瞬時にスイッチオン！

全員が同じ床に座るからこそ

　前項で紹介した「サークル型」の椅子すらも取り払ってしまう方法です。こうすることで、子どもたちはクラスの仲間とさらに心理的距離を近づけることができます。また、「全員が同じ床の上に座っている」という事実も子どもたち同士を近づけ、親しみを引き出す秘訣になります。
　ただし、教室の床となると衛生面が気になりますので、座る前に床が座っても問題のない状態かどうかを確認するようにしましょう。

準備がラク

　椅子や机が置けるかなどとスペースを確認する必要もなくなり、サッと短時間でサークルをつくり出すことができます。
　そうしたメリットをめいっぱい活用していけば、授業だけではなく、毎日朝の会でサークルをつくり、こまめにクラスの交流を生み出していくこともできます。
　そして、教師も子どもたちも、クラス全員の表情を見て1日をスタートさせることができるのです。

道徳科でも効果抜群

　道徳科の授業では、学習課題や学習内容についてどのようなことを感じたかということを交流する場面で活用することができます。

また、p4c（philosophy for children ＝子どもの哲学：哲学の活動に子どもたちと一緒に飛び込み、教室の学びを劇的に変える革新的なアプローチのこと）という取り組みでも椅子なしのサークル型が活用されています。

　ここでは、毛糸でつくった「コミュニティボール」を回しながら発言をしていきます。サークル型の発展形として考えてもいいでしょう。

TRAINING POINT

☑ 心理的距離をもっとも近づける

（イラスト内）
椅子がない分、さっと準備ができる！
みんなの顔が見られてうれしいな〜

ADVICE！

p4c は、http://p4c-japan.com/about_concept/ に詳しく紹介されています。ぜひご覧いただき、クラスで取り組んでみてください。

さまざまなことに応用可能
——コーチングプロセスとは

　本書の監修者でもある吉田忍さんから、朝の6時〜8時までの2時間、合計6回のコーチングセミナーをオンラインで受講しました。講座名は「教師のためのコーチングセミナー」です。そこで、さまざまなことを学ばせていただいたのですが、そこで学んだことの1つに「コーチングプロセス」があります。コーチングプロセスは、対話力をぐっと高める優れた方法なのですが、吉田忍さんは、コーチングプロセスとして次のような提案をされました。

①**セットアップ：座り方、位置などの確認。**話すことに安心感をもってもらう
「今10分だけ、さっきの件について話がしたいのですが、大丈夫ですか？」

②**理想：こちらの理想ではなく、相手の理想を引き出す**
「どうすれば最高の状況なのでしょうか？」
「本当はどうなるといいのでしょう？」

③**現状：現状を明確にさせる**
「今の状況を5点満点で言うと何点ですか？」
「今どれくらい進んでいますか？」

④**ギャップ要因：現状と理想のギャップを明確にする**
「理想と現状の違いはなぜ出てきているのでしょうか？」
「原因があるとするとなんでしょうか？」

⑤**どう行動すればいいか？**
「ギャップを埋めるためにすぐできることがあるとしたらなんですか？」
「今日からできることはなんですか？」

⑥**フォロー：今後どのようなフォローがあるといいのかを確認する**
「行動が実践しやすくするために、今度いつお話できるといいですか？」

　このプロセスはあらゆる場面で応用することが可能です。子どもたちへの生活指導や行事指導、学級活動での指導場面でも活かせるでしょう。また、子ども同士のケンカの仲裁にも応用することができます。「ケンカの仲裁」の方法については Column 5 (p.136) でたっぷりとお届けします！

Chapter 5

クラス全員が安心して話せるクラスに！対話トレーニング

Level 1

本章から、対話トレーニングを段階的に見ていきましょう。
豊かな対話の生まれるクラスへ、
その第一歩から始めていきましょう。

どんな意見も受け止める

「どんな意見でも言える」という風土が話し合い活動の絶対条件！

▌クラスの話し合い活動を充実させる第一歩

　クラスで発言することを嫌がったり、苦手意識をもったりする子どもたちがいます。その理由として考えられるのは、「間違えたら恥ずかしい」「違うと言われたらどうしよう」という不安な気持ちです。そうした状況がクラス全体にあるとするならば、いつまでたっても話し合い活動は充実しません。
　クラスの話し合い活動を充実させる第一歩は、「どんな意見でも言える」「どんな意見でも受け止める」ということです。

▌「安心感」「承認」「傾聴」

　クラスにおける話し合い活動を充実させるのであるならば、まず、子どもたちに「安心感」を実感させる必要があります。それは、コーチングの世界では「承認」と言われます。
　まず、子どもたちが「このクラスにいてもいいという安心感」、そして、「どんな発言もしてもいいという安心感」、そして、「どんな意見も聞いてくれるという傾聴」の雰囲気をクラスの中につくり出すことを何よりも大切にしましょう。

▌どんな意見でも肯定的に

　そんな雰囲気をつくり出すためにはどうすればいいのでしょうか。そ

れは、まず、教師自身が子どもたちのどんな意見でも受け止めていくということです。

クラスの初期段階では、「それは明らかな間違いだ」という意見であっても、肯定的に返します。計算問題で間違っても、「〇〇さんの間違いのおかげでみんなが学習できたね。ありがとう」などとポジティブな言葉をかけていくことを習慣付けましょう。

ほめ言葉のかけ方

クラスをつくっていく初期段階では、ほめ言葉をどんどんかける！

▎「このクラスでなら発言してもいい」と思わせる

　子どもたちがどんな意見も受け止めるためには、教師からのほめ言葉が欠かせません。どんな意見でも「いいね！」と、何度も何度も教師から声をかけてもらえるからこそ、子どもはだんだんと「このクラスでなら発言してもいいかな?!」という気持ちになってくるのです。そうした土壌づくりなしには、対話力をクラスで高めていくことなどできはしません。

　まずは、子どもたちの発言をどんどんほめていきましょう。

▎「○付け法」をやってみよう

　発言をほめるだけではなく、ノートに書かれた子どもの意見をほめることも大切です。これは、愛知教育大学の志水廣先生が提唱されている「○付け法」にもとづいていますが、子どもたちが意見を書いている時間に机間指導を行い、子どもたちに「いい意見だね」「よく考えている」など肯定的な声かけをしながらどんどん丸付けをしていくのです。

　個別で認められた子どもたちは、意欲を高め、発言しようという気持ちにつながっていきます。

▎発言への感謝も忘れずに

　子どもたちの発言をほめるだけではなく、感謝の気持ちを伝えること

も忘れないでおきましょう。「意見を言ってくれてありがとう」「○○さんが意見を出してくれるから、みんなの学習が深まります。ありがとう」などというように、子どもたちの発言に「ありがとう」を届けます。これは大げさなことではなく、日々教師が心からそう思って言うようにしなくてはいけません。

　子どもたちの発言があるからこそ学習が深まることは事実なのです。

ADVICE!

子どもの発言に対するほめ言葉を、10個決めて書き出し、それを何回つかえたのか数えていくことを習慣付けるといいでしょう。

小集団トーク

タイプと効果を考えて小集団トークをどんどん仕掛けよう！

対話の土壌をつくる

　この「小集団トーク」は Chapter 3-2 で紹介した「グループトーク」(p.84〜85)とほぼ同じ意味ですので、ぜひ合わせて読んでください。小集団での対話は、子どもたちの対話力を育てる土壌づくりの時期には、非常に適した方法です。

　最近では、私たち教師の研修でもグループトークをすることが多くなってきましたが、グループトークであれば小集団ゆえに発言することへの抵抗が少なくてすむのが何よりの利点です。

意図的に仕組む

　子どもも大人と同様に、小集団であるほうが発言への抵抗が少ないと感じています。よって、初期段階では、全体で発言をする前に、できるだけ小集団トークを差し込むことが望ましいでしょう。

　子どもにとっては、一度話した内容が整理されており、ある程度の自信をもって全体発言することができます。そうした機会を意図的に教師が用意しながら少しずつ土台をつくっていきましょう。

小集団トークにおける3つの活動

　グループトークには主に3つの活動があることを Chapter 3-2 (p.84〜85)で紹介させていただきましたが、小集団トークも同様です。

「発表」では、それぞれの意見や考えを交流できます。「相談」では、意見をまとめたり決定したりすることができます。「議論」では、質問や反対意見をぶつけながら新たな意見を生み出したり、意見を絞ったりすることができます。

　それぞれの効果を考えて、意図的に小集団トークを差し込むようにしましょう。

TRAINING POINT

☑ 「発表」「相談」「議論」を効果的に仕組む

ADVICE!

小集団でもうまく話し合えていない場合には、まずノートにそれぞれの考えを書かせ、それを発表させることから始めましょう。

意図的な指名

放っておくだけでは子どもは成長できません。指名にも戦略が必要！

意図的な戦略で向上をはかる

　対話力を育てていく上で必ず通る過程が「意図的な指名」です。教師が何もせずに、クラス全体の対話力が上がっていくということは残念ながらありません。教師が意図をもって仕掛けていくからこそ、クラス全体の対話力が上がっていくのです。そのときに欠かせない過程が、「意図的な指名」なのです。
　対話力を向上させ始めたばかりの初期の頃には、まずは教師がしっかりと意図的な戦略をもちましょう。

発言できる子を意図的に増やす

　では、どのように「意図的な指名」をすればいいのでしょうか。それは、「次はこの子に発言することに慣れてほしいな」という子を見定めて指名していきます。ただし、毎回のように「じゃあ、○○さん」とするとあまりに不自然です。
　例えば、そのような子がいる列を列指名したり、いつも発言している子に混ぜて指名したりします。そうして、「発言することが苦にならない」という子を増やしていくのです。

意見を見て議論を深める

　意見を見て意図的に指名する方法もあります。これは、発言に慣れさ

せるというより、クラスの議論をさらに深めていくために仕掛けます。

　ノートに自分の意見を書かせている間に机間指導をして見て回ります。その際、種類の異なる意見を出している子どもを覚えておき（ノートにマークして、「後で当てるからね」と声をかけておくといいでしょう）、発言の時間になったらその子たちを教師が意図的に指名していくようにしていくのです。

TRAINING POINT

☑ 教師が意図をもって仕掛ける

ADVICE!

期待している子が発言したとき、思ったように意見が言えないかもしれません。それでも焦らず、その子を肯定的にフォローしましょう。

Chapter 5　クラス全員が安心して話せるクラスに！　対話トレーニング Level 1

5-5 手順の可視化

子どもがうまく話せないときの秘策は「可視化」！

うまく話せないわけは……

「ペアで話しましょう」「グループで話し合ってみましょう」と指示を出したとき、わいわいと話し合いがスムーズにいくグループと、何を話していいか分からずに固まってしまうグループに分かれます。

こうした現象は、話すことが苦手な子ども同士であったり、信頼関係がしっかりと築けていないペアやグループだったりすると起こってしまいます。そうしたとき、「手順を示す」ことで状況を大きく改善することができます。

ペアトークを可視化する

ペアトークでは、次のような手順を黒板やスクリーンに示してみましょう。
① 「よろしくお願いします」
② 「どうですか？」「何かありますか？」「どちらから言いますか？」など
③ 「質問はありませんか？」（状況に応じて）
④ 「ありがとうございました」

グループトークを可視化する

グループトークでは、次のような手順を示してみましょう。

①「よろしくお願いします」
②「発表をお願いします」(このとき、「指名」か「挙手」で)
③「質問はありませんか?」(状況に応じて)
④「ありがとうございました」

　グループトークでは、司会者を立てます。司会は挨拶のリーダーをしたり、②③を言ったりします。また、なかなか発言できない子をフォローしていくことなども、教師が口頭でアドバイスしていくようにしましょう。

TRAINING POINT

☑ 流れを具体的にイメージさせる

ADVICE!

手順を示してもうまくいかない場合は、個別に声をかけましょう。「『発表をお願いします』と言ってみよう」などと促すだけで話し始めます。

5-6 振り返りトーク

対話力向上のため欠かせない振り返りトークで発表の楽しさを実感!

▎自分で自分を振り返る

とくに対話力の育て始めとなる初期の段階では、振り返りトークを必ず行いましょう。学習内容の振り返りをしたり、学校行事の振り返りをしたりすることはよく耳にしますが、「発表すること」への振り返りについてはほとんど聞かれません。

しかし、対話力向上を目指すのであれば、「発表の振り返り」「対話の振り返り」は必須です。子どもたちが、自分で自分を振り返ることができるのはとても重要なことであり、こうした積み重ねが主体的に行動できる子を育てていきます。

▎「A」「B」「Z」でランク付け

発表の振り返りは、例えば、「今日の授業で発表ができた人? Aと書きましょう」「今日の授業で発言しようとほんの少しでも思った人? Bと書きましょう」「今日の授業で絶対に発言はしないと心に決めていた人? Zと書きましょう」などと言って行います。

文字で書くときつく聞こえますが、最後の言葉はユーモアたっぷりに伝えます。すると、クラス中が笑っている状態になります。

▎「うまくいったこと」を記憶に残させる

「今日、発表したり友だちと対話したりする中で、ほんの少しでもう

まくいったと思うことを言いましょう（書きましょう）」と聞くことで、子どもたちは自分のうまくできたことを自分自身に探り始め、探し当てていきます。そして、それが記憶にため込まれ、次の学習でも引き出せるようになるのです。

「こうしたらもっとよくなると思うこと」などとは聞いてはいけません。それでは反省会になってしまいます。

ADVICE！

うまくいったことを書かせ、それを交流させる時間をもちましょう。多くの子どもが、クラスのよきモデルとなってくれるはずです。

コーチングプロセスを活かす！
──ケンカの仲裁の仕方

　Column 4 でお伝えした「ケンカの仲裁の仕方」を紹介します。ぜひ、お試しください（Chapter 4 のコーチングプロセスに当てはめてご紹介します。ケンカの仲裁の場面では、②理想と③現状の順が逆になっています。子どもたち同士でも実践は可能です！）。

①**セットアップ**：座り方、位置などの確認。話すことに安心感をもってもらう

「3 人で話そうか」

②**現状**：現状を明確にさせる

「どうしたの？」「どんなことがきっかけだったの？」

「そっかぁ。ちゃんと説明してくれてありがとう」（感謝を伝える）

③**理想**：こちらの理想ではなく、相手の理想を引き出す

「本当はどうしたかったの？」「〇〇さんはどうしたかったの？」

「そっかぁ。お互いにそう思ったんだね」（共感する）

「お互いにどんな気持ちで過ごしたい？」「本当はどうしたい？」

④**ギャップ要因**：現状と理想のギャップを明確にする

「どこで違いが生まれてしまったんだろう？」

⑤**どう行動すればいいか？**

「そのために今どんなことができる？」

「それいいね。じゃ、お互いにやってみようか」（賞賛・確認）

「今度同じようなことが起こりそうになったらどうしようか？」

⑥**フォロー**：今後どのようなフォローがあるといいのかを確認する

「また、うまくいかなかったらいつでも話にきてね」

　「子どもたち同士でケンカの仲裁なんてできるのかな？」と思われるかもしれませんが、こうした対話の方法を知っている子どもたちであれば、自分たちで乗り越えることも可能なのです。そして、自分たちの問題を自分たちで乗り越えた子どもたちは、より自信をもつことができ、次の成長のステージへと自分たちの力で上がっていくことができるのです。

Chapter 6

躊躇なく質問し合えるクラスに！対話トレーニング Level 2

さらに一歩進んだ対話にするために

不可欠なもの。

それは、「質問」です。

質問の可視化

質問をつかいこなせるようになってきたら、そこからが本当の楽しみ！

質問なくして「深い学び」なし

「よく発表するクラスですね」という言葉を言われることがあっても、「よく質問するクラスですね」という言葉を言われることはなかなかないかもしれません。

しかし、「子どもたちの対話力を向上させて、学習をおもしろくしていきたい、深めていきたい」と目指しているならば、「発表」の段階で止まっていてはいけません。

授業で示す質問の型とは

クラスの中に「質問」を多く取り入れるために、次のような「質問の型」を黒板やスクリーンに提示するようにしていきましょう。
①「いつ〜」 ②「どこ〜」 ③「何〜」 ④「誰〜」 ⑤「どちら〜」
⑥「なんで〜」 ⑦「どうやって〜」 ⑧「どれくらいの間ですか？」
⑨「どれくらいの量ですか？」 ⑩「エピソードを教えてください」
⑪「もう少し詳しく教えてください」 ⑫「どんな状態ですか？」

クラスに変容をもたらす質問スキル

前述の質問の型は、すべてChapter 2-5で紹介した「チャンクダウン」（p.58〜59）の質問です。チャンクダウンにつながる質問が飛び交えば、学習はどんどん深まります（チャンクダウンで深めているのだから、当

然のことですが)。

「質問すること」は子どもたちの対話力を向上させるのに、不可欠なツールとなります。

質問というスキルを子どもたち自らつかい始めたとき、クラスの対話力・学習力は明らかにステップアップしています。子どもたちが積極的に質問を駆使できるよう、日頃から質問の価値を語ったり、質問する子どもを大いにほめたりすることで積み上げていきましょう。

TRAINING POINT

☑ 型を提示してスキルアップさせる

質問の仕方
① いつ〜
② どこ〜
③ 何〜
④ 誰〜
⑤ どちら〜
⑥ なんで〜
⑦ どうやって〜
⑧ どれくらいの間ですか?
⑨ どれくらいの量ですか?
⑩ エピソードを教えてください
⑪ もう少し詳しく教えてください
⑫ どんな状態ですか?

ADVICE!

とくに最初は教師からどんどん質問していきましょう。子どもたちの意見に対して質問を繰り返すことで、クラスに浸透していきます。

質問をリストアップ

子どもが意欲的に質問をつくるようになる具体的な指導法はこれだ！

まずは気楽に3つ書いてみる

　子どもたちに質問をつくらせる初期段階では、質問をつくること自体に難しさを感じる子どもがいることでしょう。そんなときは、「まずは3つほど気楽につくってみよう」と指示します。前項で紹介した「質問の型」を見せることはもちろん、「出ている意見に『なぜ〜』と付けるだけで質問になるよね」とアドバイスしてあげます。そうすると、本当に質問になります。
　子どもたちから質問を多く引き出すためには、はじめにつくる方法をきちんと教える必要があるのです。

質問の時間を確保する

　質問をするためには、質問をつくる時間もきちんと確保しなければなりません。ときには3分、5分とじっくり時間をとって質問を考えさせましょう。その際、必ず考えた質問をノートに書かせるようにすることが重要です。
　そもそも子どもたちは質問をつくることに慣れていないため、こうした時間で習慣付けて、質問を生み出すことが難なくできるようにしていかなければなりません。リストアップさせることも訓練になります。

どの質問が優れているかを議論させる

　1人につき数個質問を考えさせたときには、班で相談をし、「どの質問が優れているか」を議論させてもいいでしょう。「考えたくなる質問というものはどういうものか」を子どもたち自身にも考えさせてみるのです。すると、子どもたちも「良い質問」というものが感覚的に分かってきます。
　さらに、その選ばれた質問は良問であることが多いので、そのまま学習課題としてつかえることが多くあり、自ずとクラスの学びも深まります。

TRAINING POINT

☑ まずは「なぜ〜」から身につけさせる

ADVICE!

早く質問がつくれた子には、ぜひ発表してもらいましょう。そうすることで、「そんな質問でいいのか〜」と良い見本が提示できます。

ペアトークで質問

対話力を鍛える「ペアトーク」で質問スキルをグッと底上げ！

ペアトークでの質問を効果的に取り入れる

「クラスに質問をする文化を浸透させる」という目標をもったとき、いきなり全体の場で質問をすることを目指してもうまくいきません。「発表」と同様に、まずは「ペアトーク」でも上手に質問ができるようにしていきましょう（「でも」としたのは、ペアトークで質問ができなければ、全体で質問してはいけないという誤解を防ぐためです）。

ペアトークで質問をすると、全員が質問を体験できます。

初期の段階では話しやすい話題を

ペアトークで質問をする場合、学習内容を扱った質問でももちろん構いませんが、とくに初期の段階では学習内容とは関係のない話題でもいいでしょう。

例えば、「今日の朝ごはん（昨日の晩ごはん）について」「好きな〇〇」など、話しやすい話題を選びます。それを、「質問の型」（p.139）にならって質問をする体験をさせてみるのです。「（朝ごはんを）誰と食べましたか？」「何を食べましたか？」という具合です。

「質問って簡単！」を体感させる

「ペアトーク」での質問を何度か行っていくと、子どもたちは「質問って案外簡単だな」「質問するって楽しいな」「質問をすると、いくらでも

会話を続けることができるんだな」という感覚を得ることができます。この感覚を得る体感がとても大切なのです。身をもって質問に対する意識のハードルを下げることができるからです。すると、教師から「質問を考えましょう」と言われても、負担なく取り組むことができるようになります。

TRAINING POINT

☑ 質問の楽しさや簡単さを浸透させる

ADVICE!

教師との会話が得意そうな子を選んでデモンストレーションをすると、イメージをつかませやすく、うまくいく可能性が高まります。

6-4 グループトークで質問

グループトークの質問で子どもの社会性・自治力がアップ！

グループトークの質問でこそ引き出せる力

　グループトークでも、質問を交えての対話に取り組みましょう。こちらもクラスの対話力向上に大いに役立ちます。また、ペアトークでの質問との違いは、4人程度のグループで行う対話であることですが、それによってどの子にも社会性が芽生え、成長がグッと引き出されていきます。

1つの意見から複数の質問が生まれる

　ペアトークは2人だけの対話ですので、質問を入れたとしても、それに答えることで対話が完結しがちで、なかなか盛り上がりが起きません。
　しかし、グループトークとなると、4人の考えが多方向に混じり合い、1つの意見に対する質問に対して、また別の質問が生まれる可能性も出てきます。つまり、1つの意見から複数の質問が生まれることになり、これが「社会性が生まれる」ということです。
　子どもたちは、この違いを大きく体感することになるでしょう。

グループトーク実施のシステム

　グループトークで質問をするときにも、質問の仕方をシステム化してみましょう。例えば、ある子が発表をしたら、それを聞いていた子たちが必ず質問をするというようにです。4人組であれば、発言後、3つの

質問を聞くことになります。

　そうしたことを繰り返し体感することで、質問を入れると、1つの意見だけでもこれだけの質問が生まれるのだということ、そして、対話はこれほどに深まるのだということを実感することができるのです。

TRAINING POINT

☑ 質問から社会性を引き出す

ADVICE!

はじめは子どもたちも慣れないものです。回数を繰り返したり、時間を少し多めにとることを心がけていくと、質問が出やすくなります。

パブリックトークで質問

質問力をパブリックトークで総仕上げ！

子ども自身が学習課題を深められるレベル

　パブリックトークの場面で質問を出せるようになってくると、質問を鍛えるレベルも最終段階にきていると言えます。ここまで質問の力がクラスに高まってくると、教師のほうも質問のない授業に耐えられなくなるくらいに成長を感じることでしょう。これまでの「授業は教師が教えるものだ」という思い込みが「子どもたちが学習内容を深めていくんだ」という思いへとチェンジするのです。

　そして、子どもたちが自分の手で学習課題を深めていくという、これまでにない感覚がつかめます。

発表からスタートが前提

　パブリックトークの場面で質問を取り入れるには、まずは「発表」があるということが前提です。発表がなければ、質問に結び付けることはできません。

　発表から学習をスタートさせ、出された意見について質問を出させるようにしましょう。そうすることで、授業のシステムとして定着させることができます。

クラスの課題につなげる

　子どもたちから質問が出た後は、もちろん質問を投げかけられた子ど

もが答えても構いませんが、せっかく出た質問を全体で考えさせるということも有効です。

その場合、1〜2分くらいの短時間で質問の答えをノートに書かせたり、少人数で話し合わせたりします。1人の問いをクラス全体が考えることになり、子どもたちも「自分たちの出した問いで学習を深めている」と実感できるでしょう。そうすることで、出された質問をクラス全体の課題へとつなげることができるのです。

TRAINING POINT

☑ 子ども自身が学習課題を深化させる

なぜ、ペリーは日本に来たのですか？

そうだよね。なぜだろう？

まずは、質問の答えをノートに書いてみましょう！

ADVICE!

全員が質問をノートに書いている状態をつくり、教師のほうから質問する人を指名します。そうして、質問を出すことにも慣れさせます。

振り返り活動

「発表」と同様に「質問」でも振り返りは大切な学習活動！

▍どれだけ振り返り活動ができるか

　自分を自分自身で成長させながら、質問することの楽しさを実感するためには、「振り返り」が欠かせません。Chapter 5-6 の「振り返りトーク」(p.134 〜 135) でも紹介したように、まずは「A」「B」「Z」で振り返ると取り組みやすいですが、「うまくいったこと」という視点で振り返ることもおすすめです。

▍インタビューで「質問」を振り返る

　「質問の振り返りを質問でする」という方法もあります。ペアトークをする中で、「今日、質問をしてうまくいったなと思うことはなんですか？」「それはなぜですか？」「何がうまくさせてくれたのだと思いますか？」というようにインタビューを行うのです。

　これは、「脳は問いを避けられない」という機能をつかった方法です（参考：山崎啓支『マンガでやさしくわかる NLP コミュニケーション』日本能率協会マネジメントセンター、2013 年）。脳は質問を受けると、問われた内容を埋めようとする（脳は空白を嫌う）機能があるのです。

▍「良い質問とは何か？」を探る

　「誰のどの質問が一番良かったと思うか？」という振り返りも、さらに質問力を鍛えます。そのとき、その質問が良かったと思う理由も合わ

せて考えさせましょう。すると、「良い質問の条件とは何か？」ということを子どもたちが自らつかんでいきます。
　これを繰り返し行うことで、だんだんと質問する力が強化されていくでしょう。また、もっとも多く選ばれた質問を称賛すれば、クラスの盛り上がりも高まります。

TRAINING POINT

☑「良い質問」の理解を積み重ねさせる

ADVICE!

教師と質問に答えるのが得意な子とで公開インタビューを行うといいでしょう。インタビューの効果がクラス全体に具体的に伝わります。

対話力を身につけた子どもたち
——先生、話す時間をください！

　以前、私の学級で参観してくださった先生に次のようにおっしゃっていただきました。
「(担任と似て) よく話す子どもたちですね」
　「担任と似て」はもちろん、愛嬌ですが、話し合い活動をしてもよく話し合いができると評価してくださったのです。
　じつは、この参観の翌年、私は転勤し、別の学校で勤務することになったのですが、また、同じ先生に授業を参観していただく機会を得ました。その先生は、授業を参観後にまた次のようにおっしゃいました。
「(担任と似て) よく話す子どもたちですね」
　学校も学年も変わっています。それでも、いただく評価の言葉は同じだったのです。これが何を表すのでしょうか。
　「育てたように子どもは育つ」という言葉もありますが、私自身が対話に力を入れて実践しているため、そのように評価していただけたのかなと思います。
　よく次のような悩みを聞きます。
「どう話し合い活動をさせたらいいのか分かりません」
「子どもたちがたくさん話してくれるのですが、どうやってまとめたらいいのか……」
　本書で述べた通り、対話力は意図的・計画的に育むことができます。そして、対話力を身につけた子どもたちは次のように言うようになります。
「先生、話す時間をください」
　子どもたちから教師に話をする時間を要求するようになるのです。つまり、「子どもたち自身が対話の必要性を実感している」ということです。
　こうなってくると、学級会などで子どもたちに司会を任せても、まるで担任が授業をしているかのように進めていきます。また、縦割り班活動で、担任がいないときであっても、「近くの人と相談してください」と呼びかけ、対話をさせてしまうのです。
　「育てたように子は育つ」
　対話を大切にして授業を積み上げると、こうした成果も生まれるのです。

Chapter 7

遠慮なく反対意見を出し合えるクラスに！対話トレーニング

Level 3

子どもたち同士が真剣な表情で
反対意見をぶつけ合う。
これこそが、深い対話をしている証しです。

反対意見の可視化

「反対意見」をつかいこなして、クラスの対話レベルを最高峰に上げる！

「反対意見を駆使できるクラス」を目指して

　いよいよ対話レベルの最高峰「反対意見」へと突入です。反対という言葉を聞くと、「きつい」「こわい」「争い」というようなイメージを抱きがちですが、信頼関係のあるクラスでの「反対意見」は学習や集団をさらに高いレベルにまで引き上げてくれるのです。
　そんな「反対意見」をとことんつかいこなせるクラスを目指しましょう。

相手の意見を尊重する

　反対意見を扱うときには、いくつかの注意が必要ですが、一言で言うならば、「相手の意見を尊重することを忘れない」です。
　反対意見となると、どうしても相手の意見を攻撃するような雰囲気になりがちですが、「相手の意見を尊重する上で新たな視点を入れる」「反対意見を出すことで学習を深めていく」のは、相手の意見があってこそです。また、教師が「真剣に取り組むことの素晴らしさ」についてしっかりと語り、そうした雰囲気にOKのサインを出してあげましょう。そのことを忘れないようにしなければなりません。

「人」ではなく「意見」

　反対意見をつくり出すときに具体的な型としては、まず、「〇〇さんの意見に反対します」というフレーズをつかいます。子どもたちは「〇〇

さんに反対します」と言ってしまいがちですが、それでは相手自身に反対することになります。

　あくまでも「意見」に反対することを指導しましょう。また、場合によっては、「教えてください」「お願いします」という言葉を付けることもアドバイスします。子どもたちには、なかなか習慣付かないかもしれませんが、根気よく指導を繰り返し、そして、攻撃的・批判的な子への指導の意味も含め、「相手を尊重して言えることは立派」「攻撃・批判はルール違反」としっかり示しましょう。

ADVICE!

「〇〇さんの意見に〜」というフレーズが言えていないときは、指導を繰り返しましょう。反対意見ではより言葉を大切にさせます。

7-2 反対意見をリストアップ

教師のリードで反対意見をリストアップさせる！

自分の意見をもつことから

　子どもたちに「反対意見を言ってみましょう」と伝えても、なかなかすぐにはできないものです。そこで、まずは反対意見を書くこと（リストアップ）から始めます。

　「反対意見をリストアップ」する際、Chapter 6-2で紹介した「まずは気楽に3つ書いてみる」(p.140〜141)を用いるといいでしょう。ただ、反対意見をもつためには、「それまでに自分の意見をどれだけもつことができるか」が重要になります。

　学習課題に対して自分の意見をはっきりもつことができていなければ、相手に対する反対意見を生み出せないのは当然です。

不安を取り除くために

　子どもたちは、反対意見を出すことに不安な気持ちをもつことがあります。とくに、反対意見に取り組み始めた初期の段階では、よく見られる光景です。

　そんなときには議論の最中に間をとり、「同じ立場の人と意見交換をする」という時間を設けましょう。その時間を過ごすことで「自分の考えを受け入れてもらえる」という安心感をもつことができます。それから全体の話し合いに入ると、すんなり言い出せるものです。

教師が仕切る

　議論を進める際には、「では、Aの立場の人から3人反対意見を言いましょう」「次にBの立場の人、3人言いましょう」というように、教師が議論を仕切っていくことも大切なことです。子どもたちは「時間」や「人数」を提示されると、それに応えようとするものです。さらには、「今は自分が言っても大丈夫だ」という安心感にもつながります。

　このような流れで、反対意見をクラスでリストアップできるようにしていきましょう。

TRAINING POINT
☑ 安心感をもたせて教師がリード

ADVICE!

子どもは反対意見を言うことに躊躇することもあります。そんなときには、反対意見を出す意義を語り、何度も再確認していくようにします。

ペアトークで反対意見

反対意見の第一歩はペアトークから！

身近な話題で

「発表」「質問」と同様に、「反対意見」でもペアトークで行ってみましょう。そして、「質問」と同様に、話題は学習内容を用いて行うよりは、身近な話題をつかって行うほうが効果的です。

「飼うならネコか？ イヌか？」「朝食はパンか？ ごはんか？」「遊びに行くなら山か？ 海か？」などです。こうした話題であれば、子どもたちも反対意見をもちやすく、ペアトークでも無理なく取り組むことができます。

ペアトークで反対意見をする意味を考える

そもそも反対意見をペアトークで行うのは、「反対意見」を出しながら話を続けることに、おもしろみや効果を感じさせるためです。つまりは、反対意見のある話し合いの「体験版」のようなものです。

子どもたちが、反対意見の出し方や話し合いの感触をつかむことができたなら、もうペアトークで行う必要は基本的にはありません。

あえてペアトークを行うなら

しかし、あえてペアトークで反対意見を行う方法もあります。そのようなときには、自由に立ち歩いてペアをつくり、どんどん反対意見でのペアトークを行ってみましょう。それには、1人ひとりが意見をもち合

わせていることが前提となります。

　これがうまくいけば、子どもたちはどんどんと相手の変わるペアトークにおもしろみを見出すことができるでしょう。クラスもたいへん盛り上がりますし、子どもたちは短い時間で多くのトレーニングの機会を得ることができます。

グループトークで反対意見

ペアトークでの反対意見に慣れたら、次はグループトークで！

反対意見をグループでつかいこなせるように

「発表」「質問」と同様に、「反対意見」もグループで駆使することができるレベルを目指しましょう。

グループでの話し合いの中で反対意見を自然と出せるようになると、トークは相当深まっており、子どもだけでも充実した話し合い活動を行えるようになってきます。まさに話し合い活動が子どもたちの手で行われていると言えるでしょう。

意図的に出せるようにする

まずは、グループトークで意図的に反対意見を出せるようにします。そのためには、学習課題に対して「賛成」「反対」もしくは「A」「B」と考えている人数を同数近くにする必要があります。教師が指定したり、「班で話し合って2人ずつの立場に分けましょう」などと指示したりしましょう。

4人グループであれば、2人は「賛成」、2人は「反対」という状態です。その状態が一番「反対意見をぶつけやすい」のです。

自然発生的に反対意見が出るということ

意図的に反対意見を出すことを繰り返していくと、反対意見そのものに子どもたちが慣れ、グループでの話し合いの中に自然と反対意見が出

てくるようになってきます。

　例えば、「話の山場はどこか？」という話し合い活動をしているときに、「〇〇だ」「いや、□□だ」と自然発生的に反対意見が出るようになってきます。

　そして、そうした反対意見をもとに、班の中で話し合いを深め、まとめることもできるようになっていきます。

ADVICE!

うまくいかない場合は、話題を身近なものに変えてウォーミングアップします。話しやすくなり、子どもが反対意見を出しやすくなります。

パブリックトークで反対意見

「発表」「質問」そして「反対」をすべてつかいこなせる境地を目指す！

▌反対意見をつかいこなせてこその理想の境地

　パブリックトークの全体発言で反対意見が出るようになれば、すでに「発表」も「質問」もうまくつかいこなせている状態と言えるでしょう。本書の目的も、この状態を目指すためにすべてのページが存在していると言っても過言ではありません。
　「発表」「質問」「反対」をすべてつかいこなせている状態こそ、理想の境地なのです。

▌パブリックトークだからこその配慮①

　パブリックトークで反対意見が出やすい状態にするためには、反対意見を出す前に、まずは１人ひとりの子どもの意見を承認するようにします。前述した志水先生の開発された「〇付け法」（Chapter 5-2 のp.126）を机間指導の中で行ってもいいですし、発表前に一度教師のところへノートを持ってこさせて丸を付けるのもいいでしょう。
　全体の前で発言するには、教師が思う以上に子どもたちにとっては勇気が必要です。そうした配慮が大切です。

▌パブリックトークだからこその配慮②

　「相手を尊重すること」もパブリックトークで反対意見を言うときに不可欠な配慮です。これは、Chapter 1-6-⑨の「アサーティブ」（p.40

〜41）に基づきます。安心の場であるからこそ子どもたちが発言できることを忘れてはいけません。とくに全体の場での発言では、そうしたことが大切です。さらには、「〇〇さんの意見に反対です」と言うように指導することや、日頃から「反対意見があるから学習が深まるね。ありがとう」という声掛けを丁寧に行っていくことも忘れてはならないことです。

　反対意見こそ、あたたかい雰囲気の中で取り組めるよう、教師がきめ細やかに学習環境を整えていきましょう。

ADVICE!

机間指導の際に、「この反対意見いいなぁ。みんなの前で発表できる？」「お願いね」と事前に打診・約束をしておく配慮も必要です。

振り返りの感想

反対意見を出す文化を育てていくには、振り返りの時間が必須！

反対意見を出す理由を確認する

　繰り返しになりますが、反対意見を出す理由は「学習を深めるため」です。よって「なぜ反対意見を出し合うのか」ということを、子どもたちが十分に理解していなければなりません。そして、その状態にするためには、反対意見を出し合った後の学習の振り返りがとても重要になります。
　そこで、「反対意見は私たちの学習に必要なんだ」という実感をもてるようにしなければなりません。

じっくりと感想を

　反対意見が多数出てくるような話し合い活動を行った授業では、子どもたちの学習もたいへん充実したものになっていることがほとんどです。そんなときは、じっくりと学習の感想を書く時間をとるようにしましょう。
　ここで大切なことは「じっくりと」ということです。できれば5分間は確保し、ゆっくりと、たっぷりと、感想を書かせます。そうすることで、反対意見を実感するような感想が出てきます。

誰の反対意見がよかったのか

　授業の最後には、挙手制で構いませんので、「誰の反対意見で学習が

深まったと思いますか？」というアンケートをとってみましょう。そうすることで、反対意見の効果を改めて実感できるとともに、どのような反対意見を出せば学習が深まるのかを友だちの反対意見を通して振り返らせることができます。

　こうしたことを積み重ねることで、クラスで「反対意見を尊重する文化」を一歩一歩つくり上げていくようにしましょう。

Chapter 7　遠慮なく反対意見を出し合えるクラスに！　対話トレーニング Level 3

対話を大切にする授業は子どもが気付く授業

ある日の道徳科の授業の感想です。
「人の役に立ちたいってはっきりと分かった」
「自分の夢を絶対にかなえたいと思った。自分のためにも、ほかの人のためにも……」
「伊能忠敬さんのような生き方で、自分も悔いなく生きたい」

私はこの授業の子どもたちの感想を読み、たいへん感動しました。小学生のうちから「人の役に立ちたい」という言葉が出ていることに心を打たれたのです。

では、この日、私はどのような道徳科の授業を実施したのでしょうか。対話の種類と合わせて簡単に紹介します。

①伊能忠敬の銅像を見て気が付いたことを話し合う
　ペアトーク→パブリックトーク
②教材を読んで気が付いたことを話し合う
　セルフトーク→グループトーク→パブリックトーク
③伊能忠敬を突き動かしたものはなんだったのかを話し合う
　セルフトーク→フリートーク→グループトーク→
　セルフトーク→パブリックトーク
④忠敬の考えや思いを体感する
　セルフトーク→パブリックトーク
⑤学習の感想を書く
　セルフトーク

この授業の流れを見て、お気付きのことでしょう。

この授業では、私から子どもたちに教えていることがないのです。

では、子どもたちはどのようにして上記に紹介したような感想にたどり着くことができたのでしょうか。

それは、教材やワークはもちろん、「対話」を通じて自分や友だちの考えや意見などあらゆることに気が付いていったのです。

対話にはこうした効果があり、確実に学習効果が生まれてきます。ぜひ、クラスに「対話の文化」を取り入れてください。

おわりに

　合唱練習に取り組んでいたときのことです。
　その日は、もう寒い冬になっていました。
　「先生、なかなか声を出してくれない人がいます」と相談にきた子どもたちがいました。
　それを聞いた私は、「そっか。なんでなんだろうね？」と聞き返し、あれこれと話していました。すると、子どもたちが、
　「先生、その子たちと話してみます」
　そう私に言って、その場を離れていきました。
　子どもたちは教室でどれだけの対話を繰り返しているのでしょう。1日のうち、1か月のうち、そして1年のうちに……。この言葉を聞いたとき、対話の積み上げを強く実感しました。自分たちの問題を自分たちの対話力で解決しようとしていたのです。きっと、自分たちの対話力を信じていたからこそ、取ることのできた行動だったのだと思います。
　日々、何度も繰り返される対話の質が向上することが、授業にも学級経営にも強く影響することを実感しました。その実感を本書の実践を通じて、必ずや読者の先生方にも感じていただけることと思います。そして、対話であふれるクラスをつくり、ぜひ、対話の底力を感じてみてください。

2019年3月
あなたのクラスが対話であふれることを願って

丸岡慎弥

丸岡慎弥（まるおか　しんや）

1983年、神奈川県生まれ。三重県育ち。三重県伊勢市の皇學館大学卒業。
大阪市公立小学校勤務。教育サークルやたがらす代表。関西道徳教育研究会代表。日本道徳教育学会会員、日本キャリア教育学会会員。NLPやコーチングといった新たな学問を取り入れて、これまでにない教育実践を積み上げ、その効果を感じている。教師の挑戦を応援し、挑戦する教師を応援し合うコミュニティ「まるしん先生の道徳教育研究所」を運営。自身の道徳授業実践も公開中。
著書に『やるべきことがスッキリわかる！　考え、議論する道徳授業のつくり方・評価』『子どもの深い学びをグッと引き出す！　最強のノート指導』『高学年児童がなぜか言うことをきいてしまう教師の言葉かけ』(学陽書房)、『取り外せる文例集つき！　現場発！　小学校「特別の教科　道徳」の見取り・評価パーフェクトブック』(フォーラム・A) など多数ある。

吉田 忍（よしだ　しのぶ）

教育コーチ
1972年、東京生まれ。3児の父。ハウスメーカーで、東南アジアの海外駐在を10年経験後、プロビジネスコーチとして、約10000人の組織リーダーをコーチする。2012年に【NPO法人いきはぐ】を立ち上げ、企業のチームビルディングや組織開発のノウハウを学校教育に活かしたコーチングセミナーや教育講演を各地で開催。2019年からは、先生のためのいきはぐ認定コーチング・ファシリテーション講座も開催し全国に活動を広げている。山田将由先生との共著『トップ1割の教師が知っている「できるクラス」の育て方』(学陽書房) がベストセラー。学校教育関連雑誌への寄稿も多数。

話せない子もどんどん発表する！
対話力トレーニング

2019年4月10日　初版発行
2022年4月6日　6刷発行

著　　者	丸岡慎弥（まるおかしんや）
監　　修	吉田　忍（よしだしのぶ）

ブックデザイン	スタジオダンク
DTP制作	スタジオトラミーケ
イラスト	坂木浩子
発 行 者	佐久間重嘉
発 行 所	株式会社 学陽書房
	東京都千代田区飯田橋1-9-3　〒102-0072
	営業部　TEL03-3261-1111　FAX03-5211-3300
	編集部　TEL03-3261-1112　FAX03-5211-3301
	http://www.gakuyo.co.jp/
印　　刷	加藤文明社
製　　本	東京美術紙工

©Shinya Maruoka 2019, Printed in Japan
ISBN978-4-313-65372-6　C0037

乱丁・落丁本は、送料小社負担にてお取り替えいたします。
定価はカバーに表示してあります。

JCOPY ＜出版者著作権管理機構 委託出版物＞
本書の無断複製は著作権法上での例外を除き禁じられています。複製される場合は、そのつど事前に、出版者著作権管理機構（電話03-5244-5088、FAX 03-5244-5089、e-mail: info@jcopy.or.jp）の許諾を得てください。

学陽書房の好評既刊！

やるべきことが スッキリわかる！
考え、議論する道徳授業のつくり方・評価

丸岡慎弥 著
◎ A5判160頁　定価＝本体1900円＋税

2018年4月から教科化され全面実施となった「特別の教科 道徳」の「考え、議論する」道徳授業のつくり方と評価の仕方を一挙解説。教材研究、めあての設定、机配置、導入、板書、中心発問、授業のまとめ方などのほか、子どもが夢中になって考え、心の成長を果たしていくための評価の仕方やその規準など、自信をもって指導をするための基本とポイントを分かりやすいイラストとともに紹介！

子どもの深い学びを グッと引き出す！
最強のノート指導

丸岡慎弥 著
◎ A5判128頁　定価＝本体1800円＋税

「書くこと」「書かせること」は指導の基本。ノート指導が安定すると、授業が安定し、子どもの学習意欲はぐんぐん高まります。子どもの学習の一番のベースとなるノート指導のポイントとコツが実例イラストとともに学べる本書。教科別のポイントをはじめ、夢中を仕掛ける思考ツール、意欲を引き出す声かけ法、また、子どもたちが主体的・能動的に学ぶようになるだけではなく、自ずと教師の多忙感も解消されていく秘訣もフォロー！